Jose P.
Kanchana S.
Manju A.

Prática da Weka

Jose P.
Kanchana S.
Manju A.

Prática da Weka

Iniciantes

ScienciaScripts

Imprint

Cover image: www.ingimage.com

This book is a translation from the original published under ISBN 978-620-8-17228-2.

Publisher:
Sciencia Scripts
is a trademark of
Dodo Books Indian Ocean Ltd. and OmniScriptum S.R.L publishing group

120 High Road, East Finchley, London, N2 9ED, United Kingdom
Str. Armeneasca 28/1, office 1, Chisinau MD-2012, Republic of Moldova, Europe
Printed at: see last page
ISBN: 978-620-8-27556-3

PRÁTICA WEKA

Autor:

Dr. P. José

Dr. K a n c h a n a

Objetivo:

O Weka é uma ferramenta de aprendizagem automática e extração de dados robusta mas acessível. A extração de dados e os grandes volumes de dados são tópicos quentes neste momento. Em vez de mergulhar em teorias matemáticas complexas ou detalhes algorítmicos sofisticados, este curso enfatiza a experiência prática com o Weka e as aplicações práticas de ferramentas e técnicas de extração de dados. Além de realizar a classificação de texto e trabalhar com conjuntos de dados com milhões de instâncias, os alunos também investigarão agrupamento, regras de associação e outros tópicos.

ÍNDICE DE CONTEÚDOS

CAPÍTULO 1: INTRODUÇÃO À WEKA

1.1 Introdução:

O que é o WEKA?

O WEKA, formalmente designado por **Waikato Environment for Knowledge Learning**, é um programa informático desenvolvido na Universidade de Waikato, na Nova Zelândia, com o objetivo de identificar informações a partir de dados brutos recolhidos em diferentes domínios.

O WEKA suporta muitas tarefas padrão de extração de dados, como o pré-processamento de dados, a classificação, o agrupamento, a regressão, a visualização e a seleção de caraterísticas. A premissa básica da aplicação é utilizar uma aplicação informática que pode ser treinada para realizar capacidades de aprendizagem automática e obter informações úteis sob a forma de tendências e padrões.

A WEKA é uma aplicação de código aberto que está disponível gratuitamente ao abrigo do acordo de licença pública geral GNU. Originalmente escrita em C, a aplicação WEKA foi completamente reescrita em Java e é compatível com quase todas as plataformas informáticas. É de fácil utilização, com uma interface gráfica que permite uma rápida configuração e funcionamento.

O WEKA funciona com base no pressuposto de que os dados do utilizador estão disponíveis sob a forma de um ficheiro plano ou de uma relação, o que significa que cada objeto de dados é descrito por um número fixo de atributos que, normalmente, são de um tipo específico, valores alfanuméricos ou numéricos normais. A aplicação WEKA permite aos utilizadores principiantes uma ferramenta para identificar informações ocultas em bases de dados e sistemas de ficheiros com opções e interfaces visuais simples de utilizar.

1.2 Processo KDD:

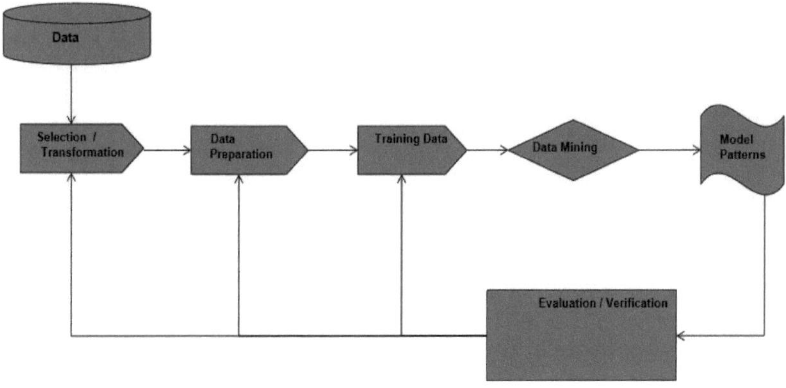

1.3 Instalação do Weka:

A weka pode ser explorada a partir os diferentes sítios, um dos os sites é http://www.cs.waikato.ac.nz/m1/weka/downloading.html

www.cs.waikato.ac.nz/ml/weka/downloading.html

Machine Learning Group at the University of Waikato

Project Software Book Publications People Related

Downloading and installing Weka

There are two versions of Weka: Weka 3.8 is the latest stable version, and Weka 3.9 is the development version. For the bleeding edge, it is also possible to download nightly snapshots.

Stable versions receive only bug fixes, while the development version receives new features. Weka 3.8 and 3.9 feature a package management system that makes it easy for the Weka community to add new functionality to Weka. The package management system requires an internet connection in order to download and install packages.

Note (1) for users upgrading from Weka 3.7 to Weka 3.8 or later: if the Weka 3.8 package manager does not start up, please delete the file `installedPackageCache.ser` in the `packages` folder that resides in the `wekafiles` folder in your user home.

Note (2) for users upgrading from Weka 3.7 to Weka 3.8 or later: serialized models created in 3.7 are not compatible with 3.8. We have a **model migrator** tool that can migrate some models to be compatible with 3.8.0. One exception is RandomForest, which can be migrated up to 3.7.13 but no further. Usage is as follows:

Existem diferentes opções para iniciar o weka consoante os sistemas operativos

- **Windows**

  Click **here** to download a self-extracting executable for 64-bit Windows that includes Oracle's 64-bit Java VM 1.8 (weka-3-8-0jre-x64.exe; 105.5 MB)

  Click **here** to download a self-extracting executable for 64-bit Windows without a Java VM (weka-3-8-0-x64.exe; 50.2 MB)

  Click **here** to download a self-extracting executable for 32-bit Windows that includes Oracle's 32-bit Java VM 1.8 (weka-3-8-0jre.exe; 100.8 MB)

  Click **here** to download a self-extracting executable for 32-bit Windows without a Java VM (weka-3-8-0.exe; 50.2 MB)

  These executables will install Weka in your Program Menu. Download the version without the Java VM if you already have Java 1.7 (or later) on your system.

- **Mac OS X**

  Click **here** to download a disk image for OS X that contains a Mac application including Oracle's Java 1.8 JVM (weka-3-8-0-oracle-jvm.dmg; 125.8 MB)

- **Other platforms (Linux, etc.)**

  Click **here** to download a zip archive containing Weka (weka-3-8-0.zip; 50.6 MB)

  First unzip the zip file. This will create a new directory called weka-3-8-0. To run Weka, change into that directory and type

```
java -jar weka.jar
```

  Note that Java needs to be installed on your system for this to work. Also note, that using `-jar` will override your current CLASSPATH variable and only use the `weka.jar`.

- **Windows x86**

  Click **here** to download a self-extracting executable that includes Java VM 1.8 (weka-3-9-0jre.exe; 100.7 MB)

  Click **here** to download a self-extracting executable without the Java VM (weka-3-9-0.exe; 50.1 MB)

  These executables will install Weka in your Program Menu. Download the second version if you already have Java 1.7 (or later) on your system.

- **Windows x64**

  Click **here** to download a self-extracting executable that includes 64 bit Java VM 1.8 (weka-3-9-0jre-x64.exe; 105.4 MB)

  Click **here** to download a self-extracting executable without the Java VM (weka-3-9-0-x64.exe; 50.1 MB)

  These executables will install Weka in your Program Menu. Download the second version if you already have Java 1.7 (or later) on your system.

Dependendo da versão, clicar na opção de descarregamento. Quando clicamos na opção de download, a configuração do weka é descarregada.

Clique em Configurar e siga os passos abaixo

Passo 1:

Clique no botão Seguinte

Passo 2:

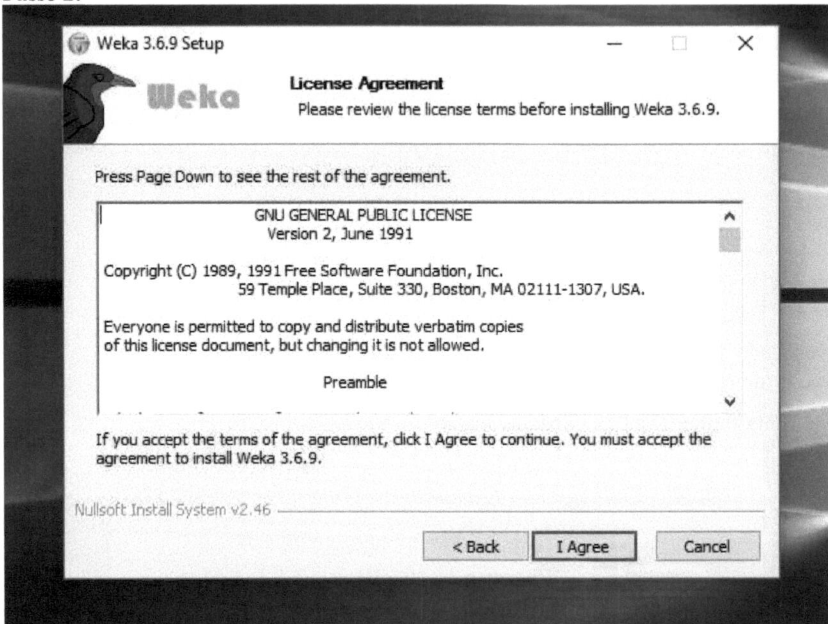

clicar na opção Concordo

Passo 3:

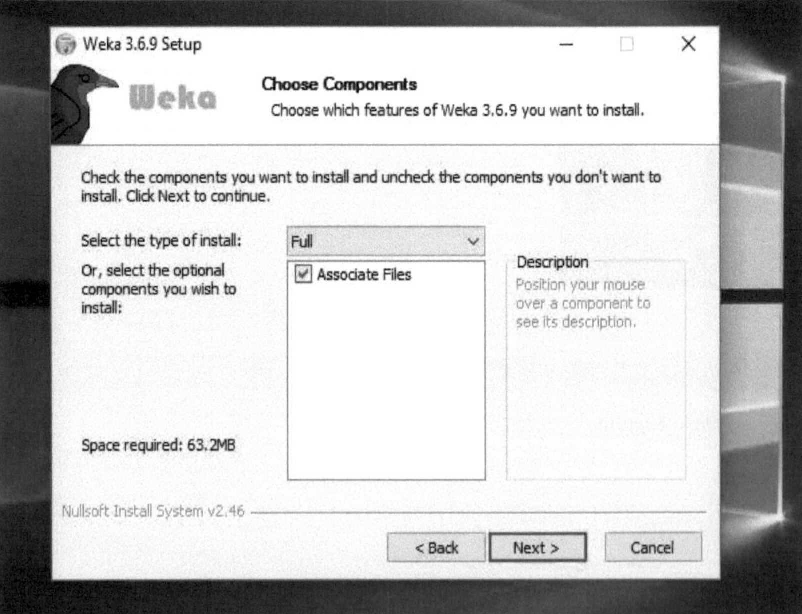

Clique na opção Seguinte

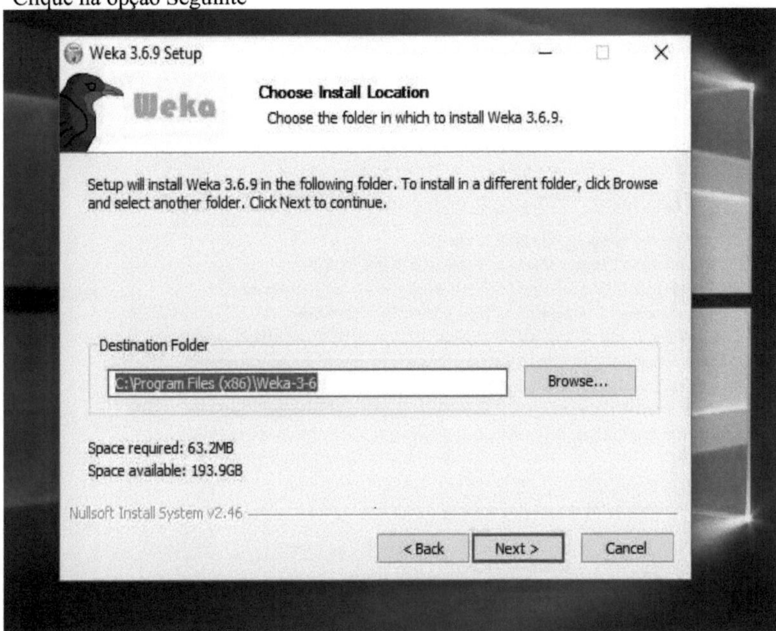

Clique na opção Seguinte

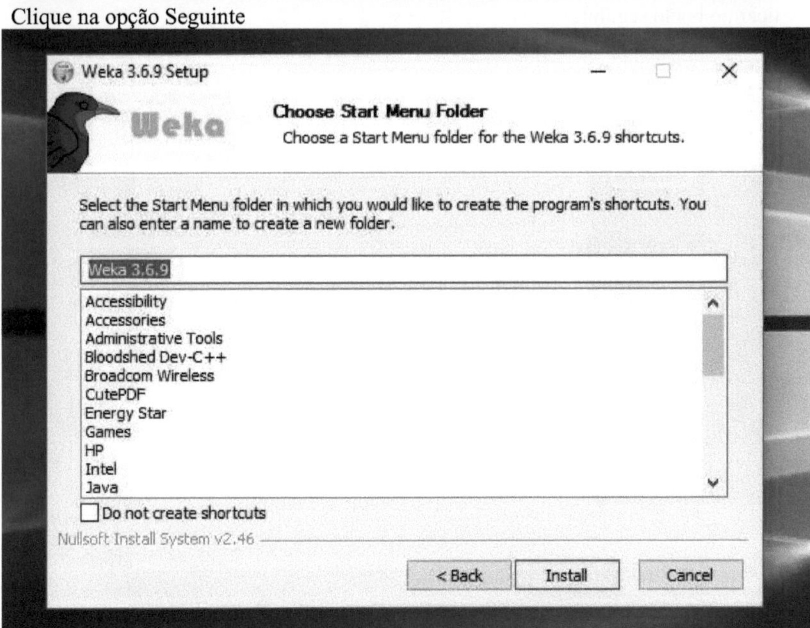

Clique no botão de instalação, que extrai todos os pacotes

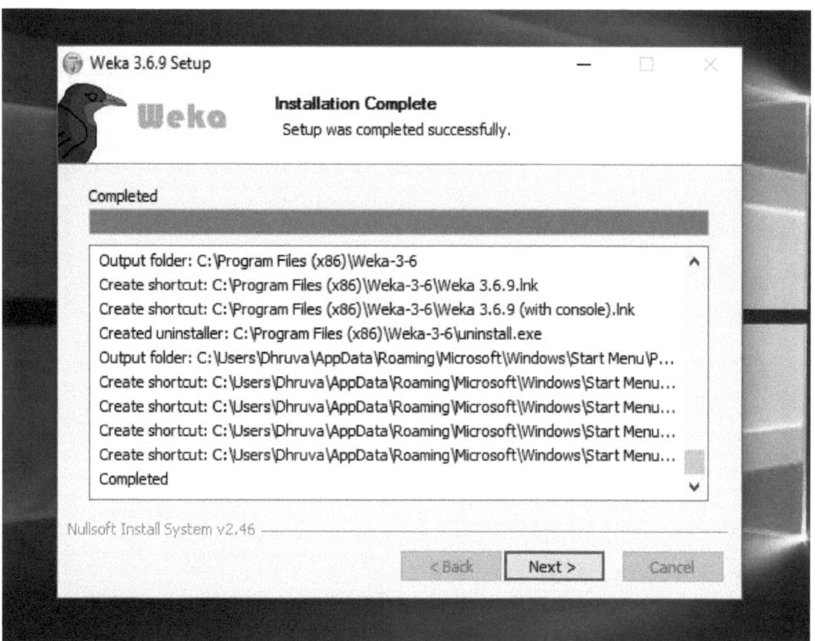

Clicar no botão seguinte

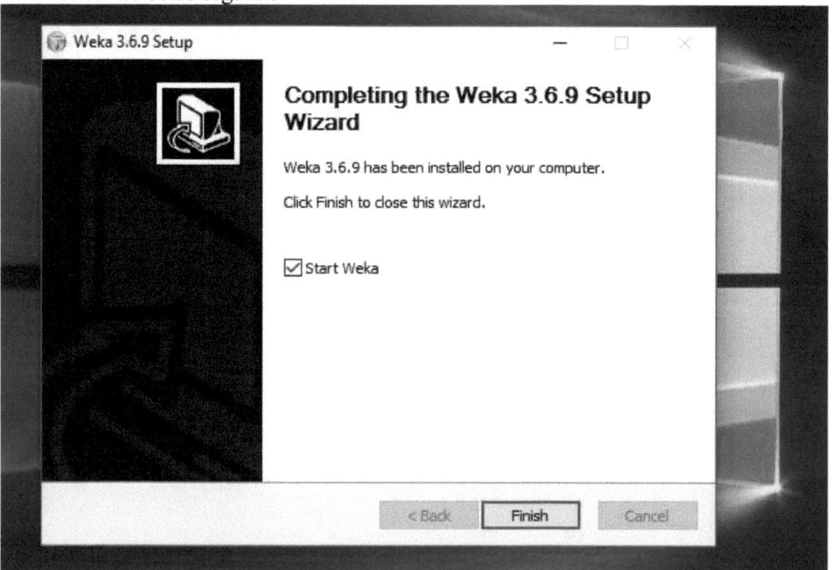

Clicar no botão Concluir

CAPÍTULO 2: LANÇAMENTO DO WEKA EXPLORER

2.1 Começar com a Weka

Depois de o programa ter sido carregado na máquina do utilizador, é aberto navegando para a opção de início do programa, que dependerá do sistema operativo do utilizador.

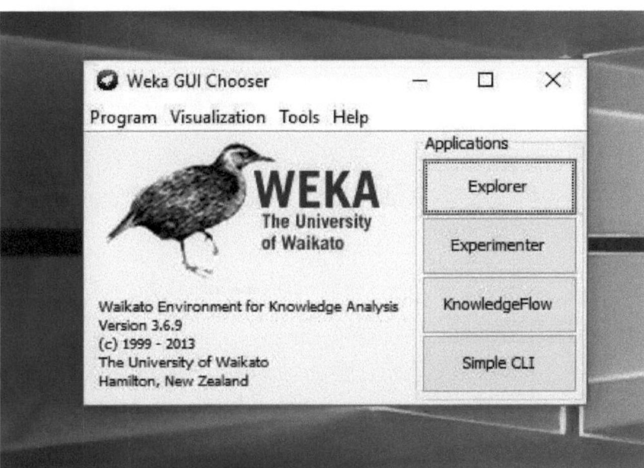

Existem quatro opções disponíveis neste primeiro ecrã.

1. **Explorer** - a interface gráfica utilizada para efetuar experiências com dados em bruto

2. **CLI simples** - fornece aos utilizadores sem uma opção de interface gráfica a capacidade de executar comandos a partir de uma janela de terminal.

3. **Experimentador** - esta opção permite aos utilizadores realizar diferentes variações experimentais em conjuntos de dados e efetuar manipulações estatísticas

4. **Fluxo de conhecimento - basicamente** a mesma funcionalidade do Explorer com a funcionalidade de arrastar e largar. A vantagem desta opção é que suporta a aprendizagem incremental a partir de resultados anteriores.

Depois de selecionar a opção Explorer, o programa é iniciado e fornece ao utilizador uma interface gráfica separada.

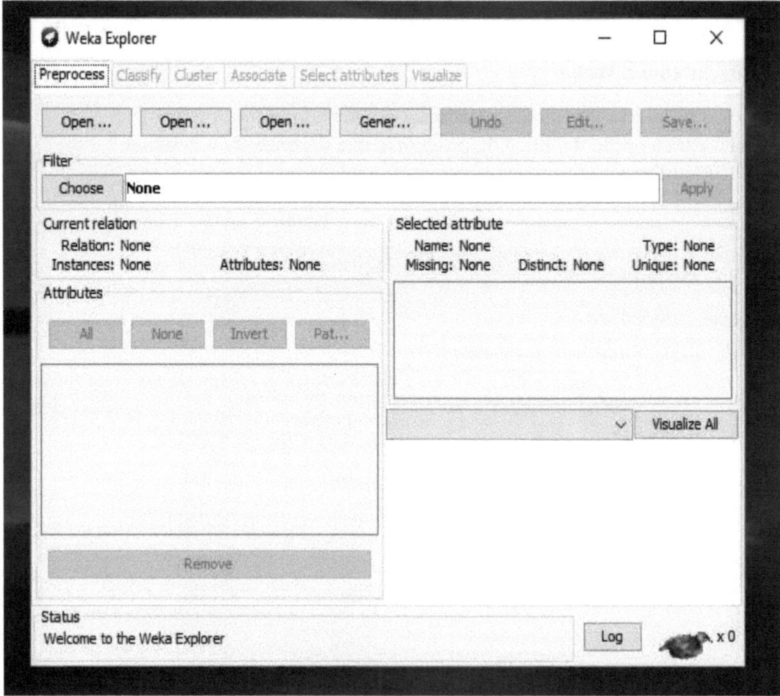

Figura: 2

A Figura 2 mostra o ecrã de abertura com as opções disponíveis. Inicialmente existe apenas a opção de selecionar o separador Pré-processamento no canto superior esquerdo. Isso se deve à necessidade de apresentar o conjunto de dados à aplicação para que ele possa ser manipulado. Após o pré-processamento dos dados, os outros separadores ficam activos para serem utilizados.

Existem seis separadores:

1. **Pré-processo -** utilizado para escolher o ficheiro de dados a ser utilizado pela aplicação

2. **Classificar -** utilizado para testar e treinar diferentes esquemas de aprendizagem no ficheiro de dados pré-processado em experimentação

3. **Cluster -** utilizado para aplicar diferentes ferramentas que identificam clusters no ficheiro de dados

4. **Associação -** utilizada para aplicar regras diferentes ao ficheiro de dados que identificam a associação dentro dos dados

5. **Selecionar atributos -** utilizado para aplicar regras diferentes para revelar alterações com base na inclusão ou exclusão de atributos selecionados da experiência

6. **Visualize -** utilizado para ver o que as várias manipulações produziram no conjunto de dados num formato 2D, gráfico de dispersão e gráfico de barras.

2.2 Pré-processamento:

Para poder experimentar a aplicação, o conjunto de dados tem de ser apresentado ao WEKA num formato que o programa compreenda. Existem regras para o tipo de dados que o WEKA aceitará. Há três opções para apresentar os dados ao programa.

♦ **Abrir ficheiro** - permite ao utilizador selecionar ficheiros que residam na máquina local ou no suporte de gravação.

♦ **Abrir URL** - fornece um mecanismo para localizar um ficheiro ou fonte de dados a partir de uma localização diferente especificada pelo utilizador.

♦ **Base de dados aberta** - permite ao utilizador obter ficheiros ou dados de uma fonte de base de dados fornecida pelo utilizador.

Existem restrições quanto ao tipo de dados que podem ser aceites no programa. Originalmente, o software foi concebido para importar apenas ficheiros ARFF, mas outras versões permitem diferentes tipos de ficheiros, como CSV, C4.5 e formatos de instâncias serializadas. As extensões para estes ficheiros incluem .csv, .arff, .names, .bsi e .data.

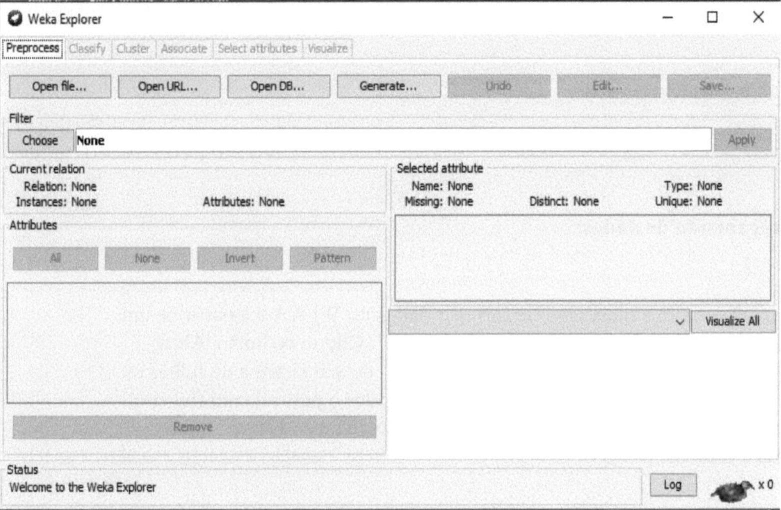

Na parte inferior da janela encontra-se a caixa "Estado". A caixa "Estado" apresenta mensagens que o mantêm informado sobre o que está a acontecer. Por exemplo, quando abre o 'Explorer' pela primeira vez, a mensagem diz: "Welcome to the Weka Explorer" (Bem-vindo ao Weka Explorer). Quando carrega o ficheiro "weather.arff", a caixa 'Status' apresenta a mensagem "Reading from file...". Quando o ficheiro é carregado, a mensagem na caixa 'Status' muda para "OK". Se clicar com o botão direito do rato em qualquer parte da caixa "Estado", aparece um menu com duas opções:

1. **Memória disponível** que mostra no registo e na caixa 'Estado' a quantidade de memória disponível para o WEKA em bytes.

2. **Executar o coletor de lixo** que obriga o coletor de lixo de Java a procurar a memória que já não é utilizada, a libertar essa memória e a permitir que essa memória seja utilizada para novas tarefas.

À direita da "Caixa de estado" existe um botão "Registo" que abre o registo. O log regista todas as acções do WEKA e mantém um registo do que aconteceu. Cada linha de texto no registo contém a hora de entrada. Por exemplo, se o ficheiro que tentou abrir não for carregado, o registo terá o registo do problema que ocorreu durante a abertura.

À direita do botão "Registar" está a imagem de um pássaro. O pássaro é o ícone de estado do WEKA. O número ao lado do símbolo 'X' indica o número de processos em execução em simultâneo. Quando se carrega um ficheiro, o pássaro senta-se, o que significa que não há processos em execução. O número de processos para além do símbolo "X" é zero, o que significa que o sistema está inativo. Mais tarde, no problema de classificação, quando o resultado da geração olha para o pássaro, ele levanta-se e começa a mover-se, o que indica que um processo foi iniciado. O número ao lado de 'X' passa a ser 1, o que significa que há um processo em execução, neste caso o cálculo.

2.3 Carregamento de dados:

A forma mais comum e mais fácil de carregar dados no WEKA é a partir de um ficheiro ARFF, utilizando o botão "Abrir ficheiro...". Clique no botão 'Abrir ficheiro...' e escolha o ficheiro "detalhes do projeto" do seu sistema de ficheiros local. Note que os dados também podem ser carregados a partir de um ficheiro CSV, porque algumas bases de dados têm a capacidade de **converter dados apenas para o formato CSV.**

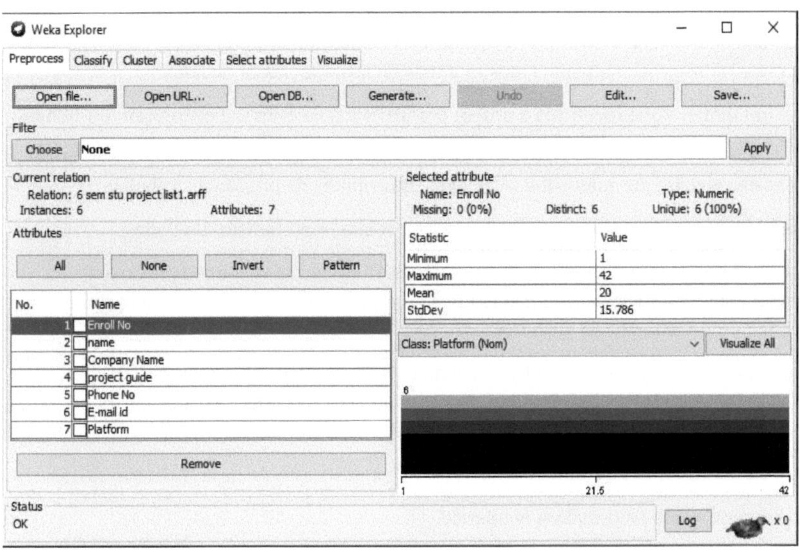
Weka Explorer
Preprocess
Classify
Cluster
Associate
Select attributes
Visualize
Open file...
Open URL...
Open DB...
Generate...
Undo
Edit...
Save...
Filter
Choose
None
Apply
Current relation
Relation: 6 sem stu project list1.arff
Instances: 6
Attributes: 7
Attributes
All
None
Invert
Pattern
No.
Name
1 Enroll No
2 name
3 Company Name
4 project guide
5 Phone No
6 E-mail id
7 Platform
Remove
Selected attribute
Name: Enroll No
Type: Numeric
Missing: 0 (0%)
Distinct: 6
Unique: 6 (100%)
Statistic
Value
Minimum
1
Maximum
42
Mean
20
StdDev
15.786
Class: Platform (Nom)
Visualize All
6
1
21.5
42
Status
OK
Log
x 0

Uma vez carregados os dados, o WEKA reconhece os atributos que são apresentados na janela "Attribute" (Atributo). O painel esquerdo da janela 'Preprocess' (Pré-processamento) mostra a lista de atributos reconhecidos:

N.º: é um número que identifica a ordem dos atributos tal como se encontram no ficheiro de dados.

Caixas de seleção: permitem-lhe selecionar os atributos da relação de trabalho.

Nome: é o nome de um atributo tal como foi declarado no ficheiro de dados.

A caixa "Relação atual" acima da caixa "Atributo" apresenta o nome da relação de base (tabela) e a relação de trabalho atual - "detalhes do projeto", o número de instâncias - 6 e o número de atributos - 7.

Durante a análise dos dados, o WEKA calcula algumas estatísticas básicas sobre cada atributo. As estatísticas seguintes são apresentadas na caixa "Atributo selecionado" no painel direito da janela "Pré-processamento":

Name é o nome de um atributo.

O tipo é geralmente Nominal ou Numérico.

Em falta é o número (percentagem) de ocorrências nos dados para as quais este atributo não foi especificado.

Distinto é o número de valores diferentes que os dados contêm para este atributo.

Único é o número (percentagem) de instâncias nos dados que têm um valor para este atributo que nenhuma outra instância tem.

Depois de os dados serem carregados na weka, podem ser efectuadas alterações aos atributos clicando no botão de edição apresentado acima.

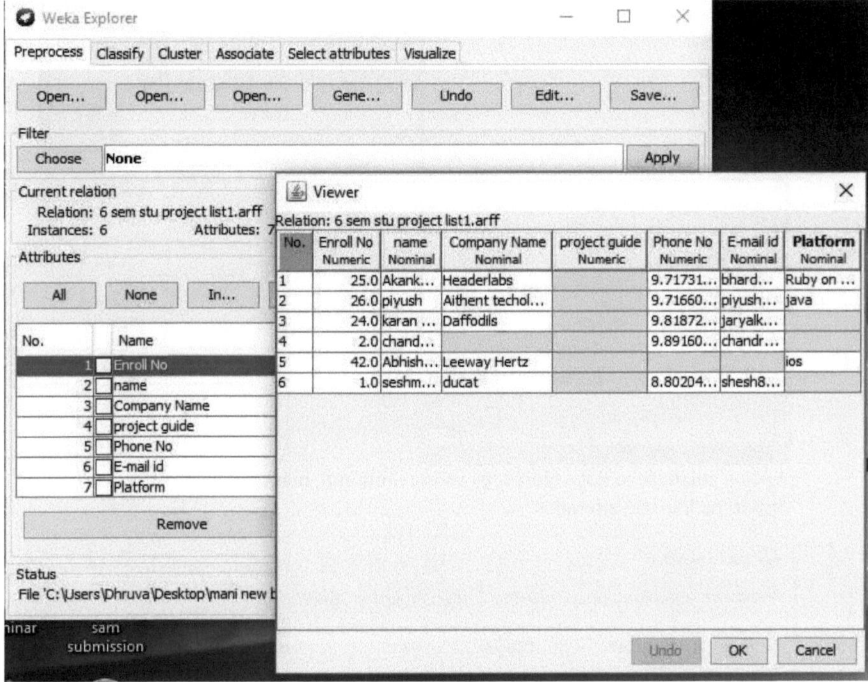

Para efetuar as alterações, clique duas vezes no valor do atributo e actualize os detalhes de acordo com as necessidades do utilizador.

As diferentes operações que podem ser efectuadas através da edição são as seguintes

1) eliminar o atributo
2) Substituir o valor do atributo
3) Definir todos os valores
4) Definir valores em falta, etc.

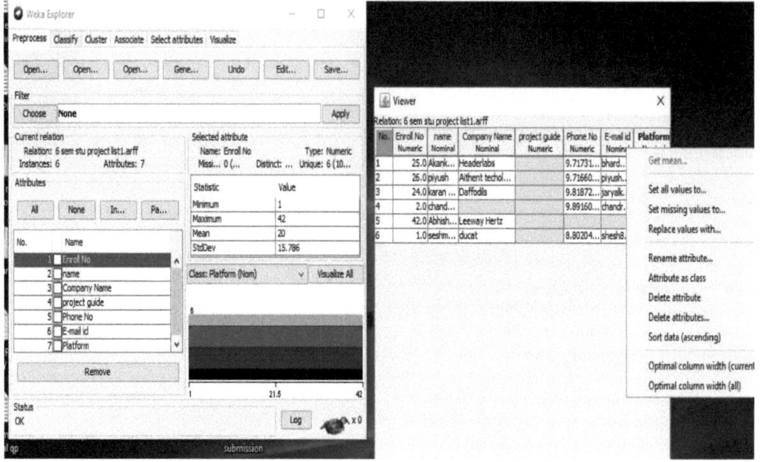

Após a atualização dos valores, os valores mínimo, máximo, médio e de desvio padrão são alterados.

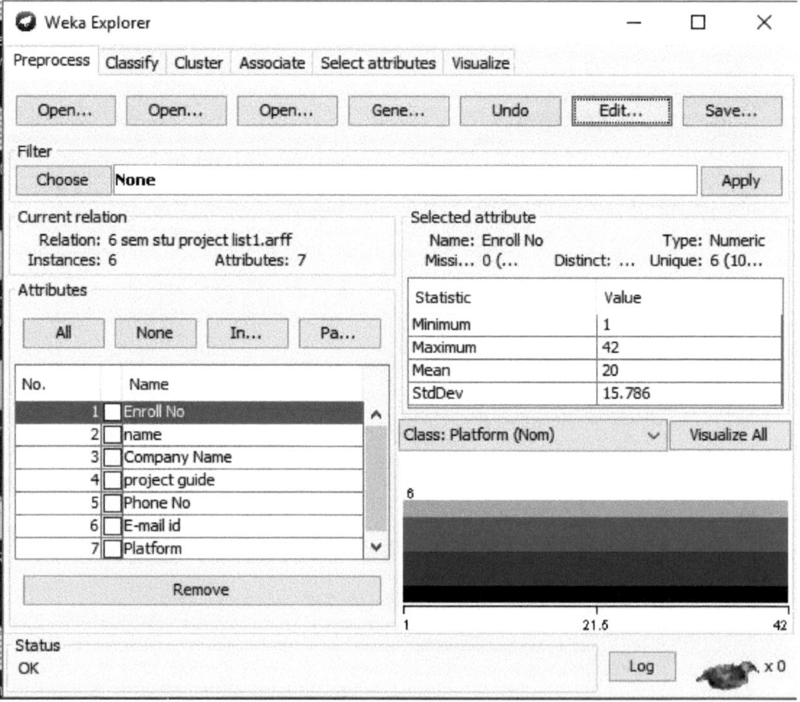

Clique em visualizar tudo

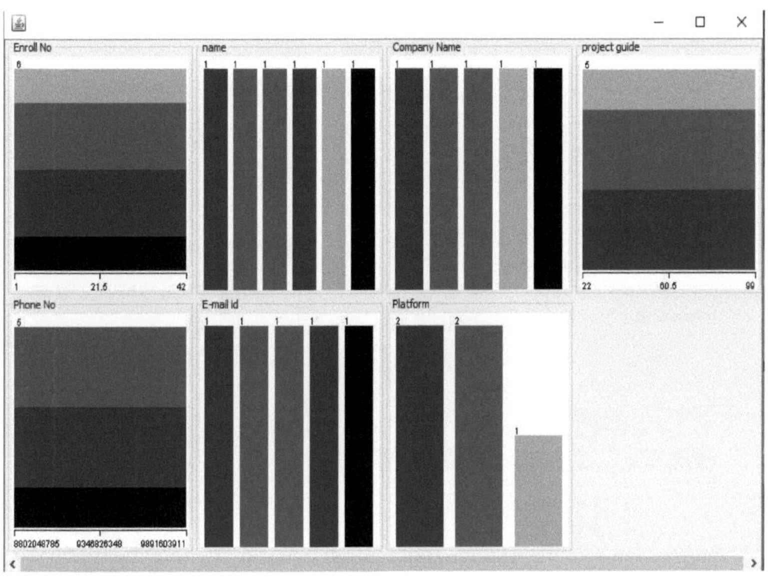
Enroll No
name
Company Name
project guide
Phone No
E-mail id
Platform

Seleção de atributos:

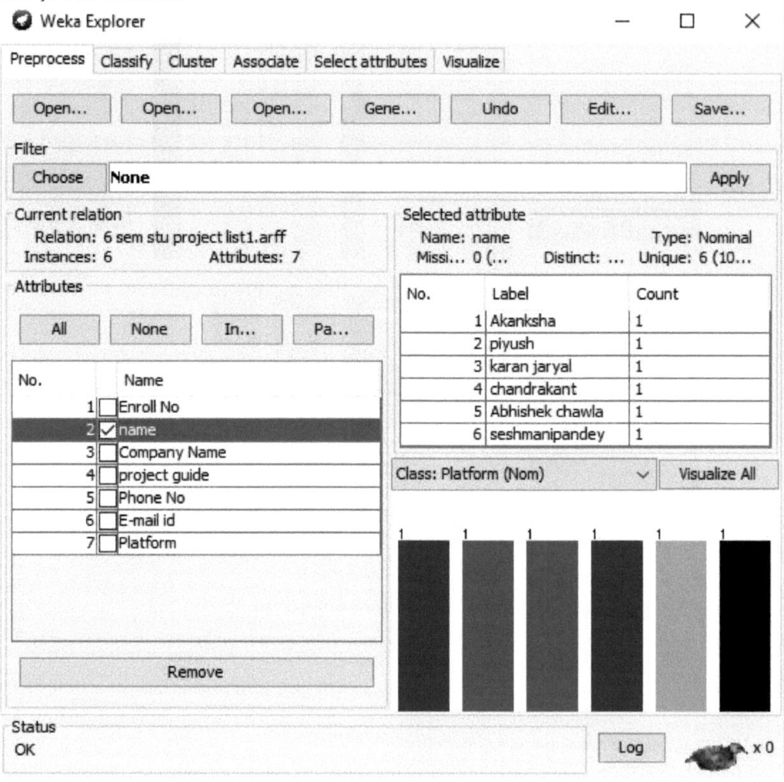

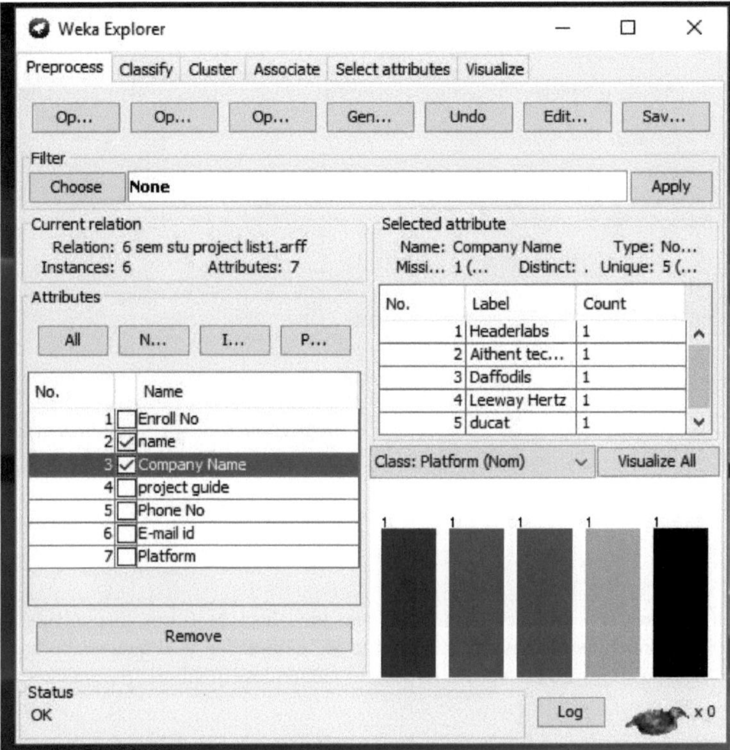

2.4 Definir filtros

As ferramentas de pré-processamento do WEKA são designadas por "filtros". O WEKA contém filtros para discretização, normalização, reamostragem, seleção de atributos, transformação e combinação de atributos. Algumas técnicas, como a extração de regras de associação, só podem ser executadas em dados categóricos. Para tal, é necessário efetuar a discretização em atributos numéricos ou contínuos.

Utilizando filtros, é possível substituir os valores discretos por valores nominais.

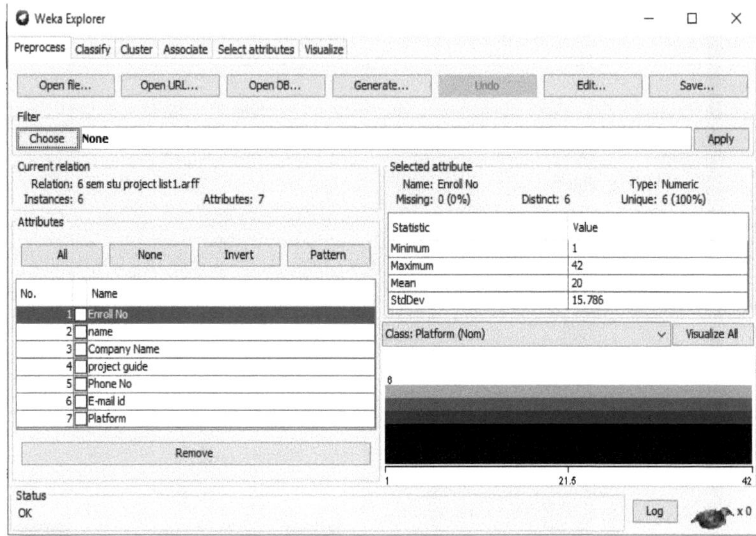

É apresentado um menu pendente com uma lista de filtros disponíveis. Selecione Supervisionado Æ Atributo Æ Discretizar e clique no botão "Aplicar". O filtro converterá os valores numéricos em valores nominais

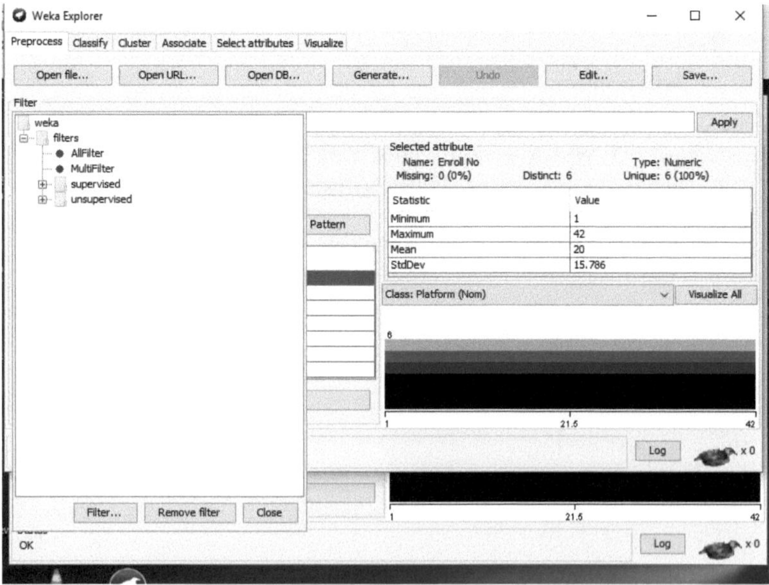

Quando o filtro é selecionado, os campos na janela mudam para refletir as opções disponíveis.

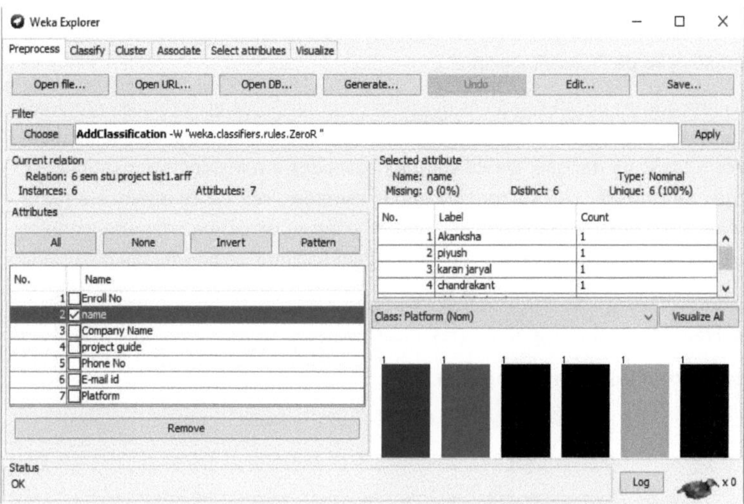

Como se pode ver, não há qualquer alteração no valor Outlook. Selecione o valor Temperatura, observe a caixa "Atributo selecionado", o campo "Tipo" mostra que o tipo de atributo foi alterado de Numérico para Nominal. A lista também foi alterada: em vez de valores estatísticos, há uma contagem de instâncias.

CAPÍTULO 3: CLASSIFICADORES

3.1 Construção de "Classificadores" :

Os classificadores no WEKA são os modelos de previsão de quantidades nominais ou numéricas. Os esquemas de aprendizagem disponíveis no WEKA incluem árvores e listas de decisão, classificadores baseados em instâncias, máquinas de vectores de suporte, perceptrons de várias camadas, regressão logística e redes de bayes. Os "meta "classificadores incluem bagging, boosting, stacking, códigos de saída com correção de erros e aprendizagem localmente ponderada.

Quando o conjunto de dados estiver carregado, todos os separadores estarão disponíveis. Clique no separador "Classificar".

A janela "Classificar" aparece no ecrã.

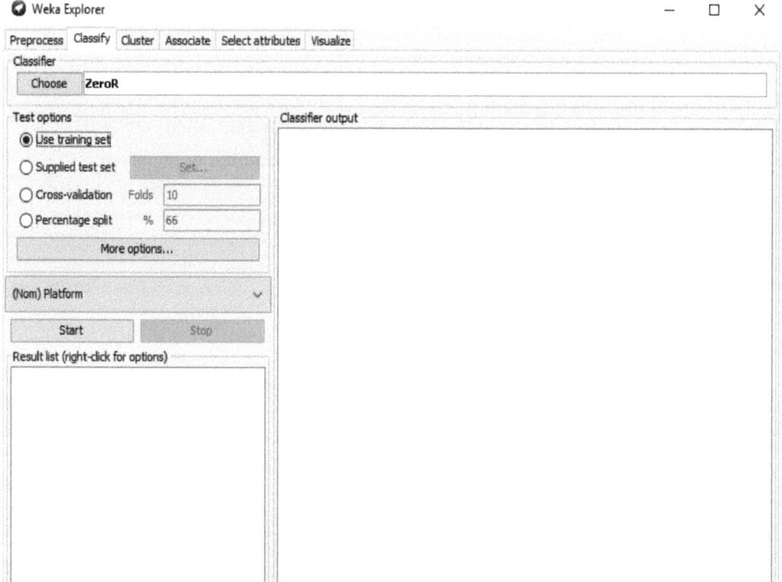

Agora pode começar a analisar os dados utilizando os algoritmos fornecidos. Neste exercício, vai analisar os dados.

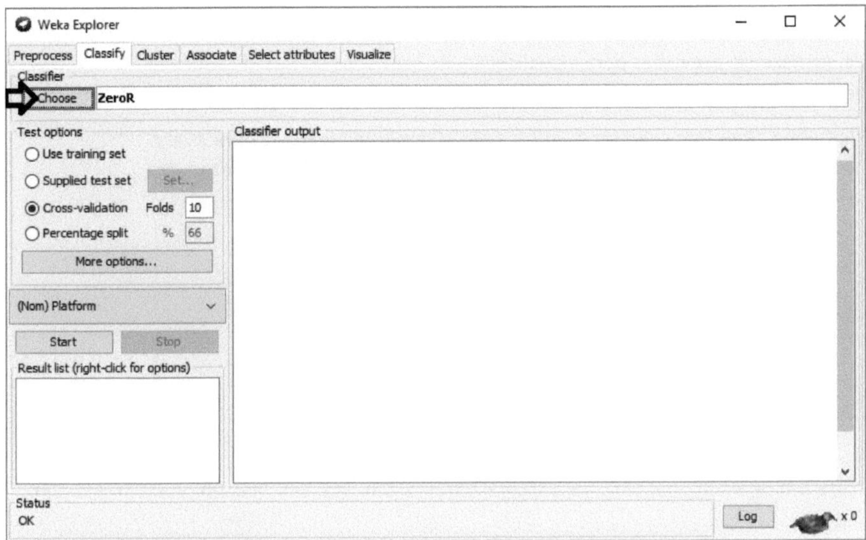

3.2 Definir opções de teste:

Antes de executar o algoritmo de classificação, é necessário definir as opções de teste. Defina as opções de teste na caixa "Opções de teste". As opções de teste disponíveis são:

1. Utilizar conjunto de treino. Avalia o classificador quanto à sua capacidade de prever a classe das instâncias em que foi treinado.

2. Conjunto de teste fornecido. Avalia o classificador quanto à sua capacidade de prever a classe de um conjunto de instâncias carregadas de um ficheiro. Clicar no botão "Definir..." abre uma caixa de diálogo que lhe permite escolher o ficheiro a testar.

3. Validação cruzada. Avalia o classificador por validação cruzada, utilizando o número de dobras introduzido no campo de texto "Dobras".

4. Divisão de percentagem. Avalia o classificador de acordo com o grau de previsão de uma determinada percentagem dos dados, que é retida para teste. A quantidade de dados retidos depende do valor introduzido no campo "%".

Em "Opções de avaliação do classificador", certifique-se de que as seguintes opções estão selecionadas

1. **Modelo de saída.** A saída é o modelo de classificação no conjunto de treino completo, para que possa ser visto, visualizado, etc.

2. **Estatísticas de saída por classe.** As estatísticas de precisão/recuperação e verdadeiro/falso para cada saída de classe.

3. **Matriz de confusão de saída.** A matriz de confusão das previsões do

classificador é incluída na saída.

4. **Armazenar previsões para visualização.** As previsões do classificador são lembradas para que possam ser visualizadas.

5. **Defina "Random seed for Xval / % Split" (Semente aleatória para Xval / % Split) como 1.** Isto especifica a semente aleatória utilizada ao aleatorizar os dados antes de serem divididos para efeitos de avaliação

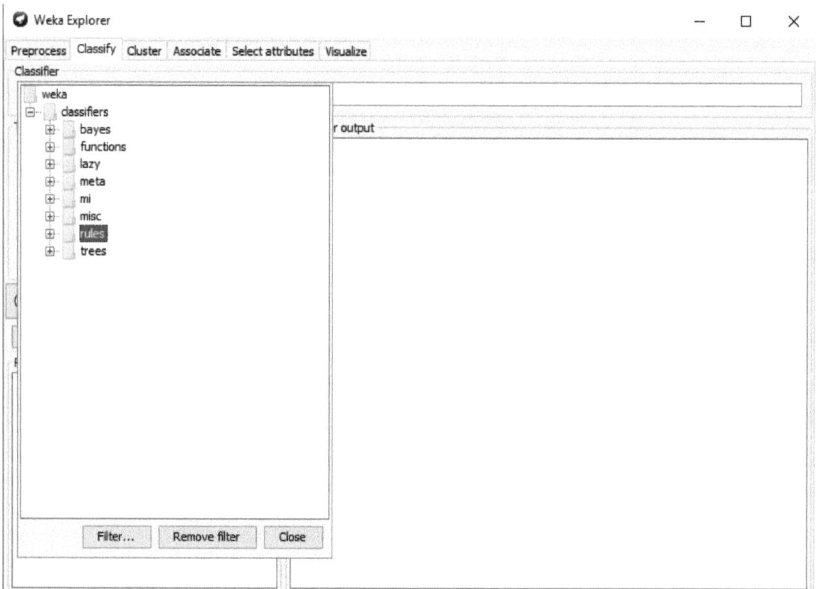

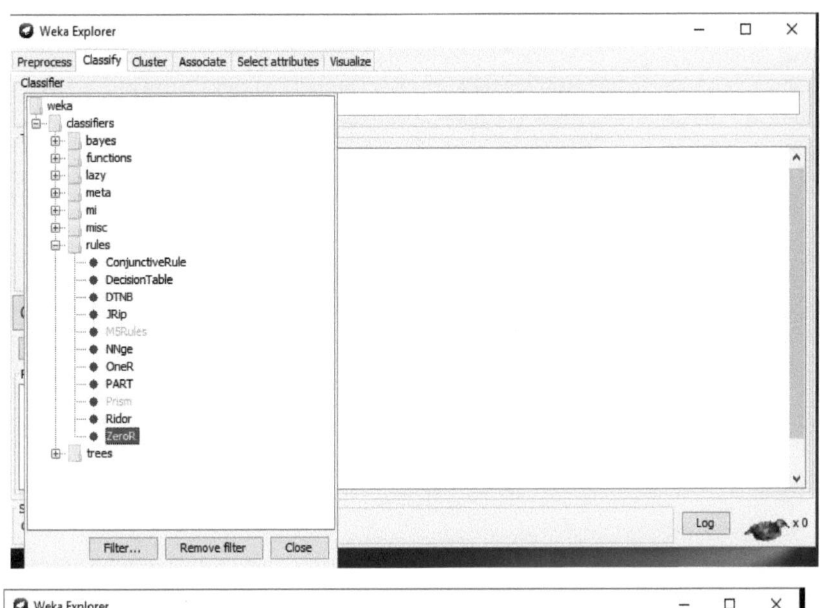

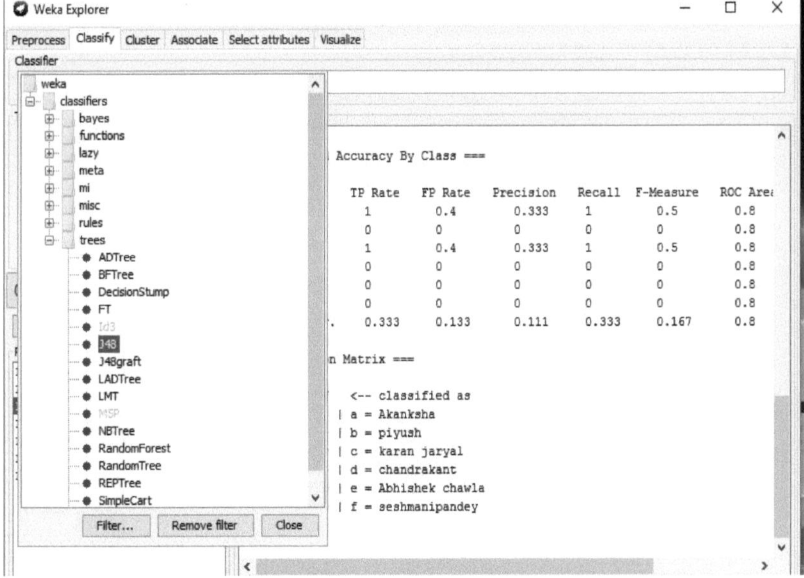

Uma vez especificadas as opções, pode executar o algoritmo de classificação. Clique no botão "Iniciar" para iniciar o processo de aprendizagem. Pode parar o processo de aprendizagem em qualquer altura, clicando no botão "Parar

Quando o conjunto de treino estiver completo, a área de saída "Classificador" no painel direito da janela "Classificar" é preenchida com texto que descreve os resultados do treino e do teste. Aparece uma nova entrada na caixa "Lista de resultados", no painel esquerdo da janela "Classificar".

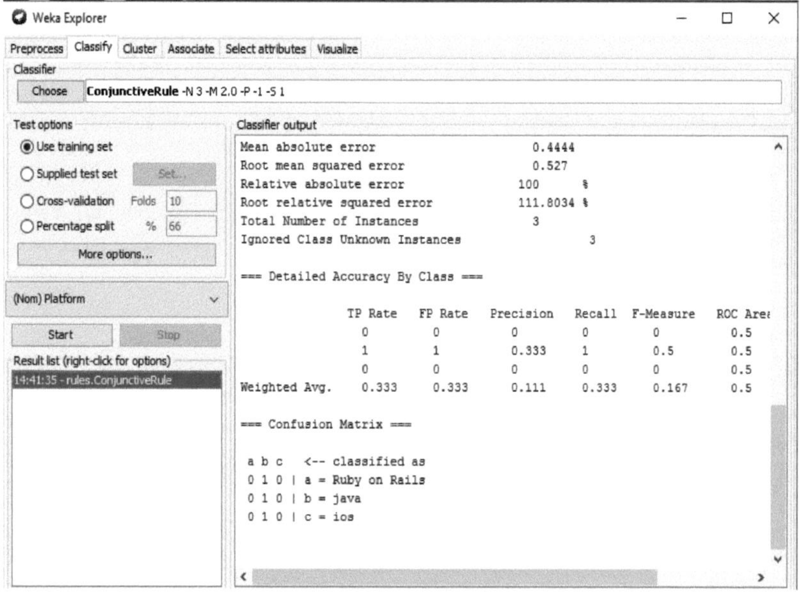

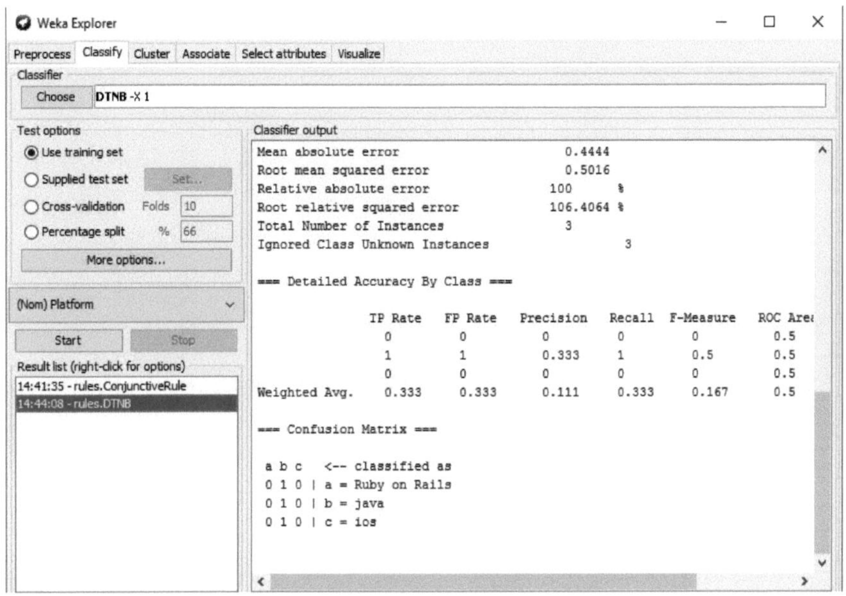
Weka Explorer
Preprocess
Classify
Cluster
Associate
Select attributes
Visualize
Classifier
Choose
DTNB -X 1
Test options
Use training set
Supplied test set
Set...
Cross-validation
Folds
10
Percentage split
%
66
More options...
(Nom) Platform
Start
Stop
Result list (right-click for options)
14:41:35 - rules.ConjunctiveRule
14:44:08 - rules.DTNB
Classifier output
Mean absolute error 0.4444
Root mean squared error 0.5016
Relative absolute error 100 %
Root relative squared error 106.4064 %
Total Number of Instances 3
Ignored Class Unknown Instances 3
=== Detailed Accuracy By Class ===
TP Rate FP Rate Precision Recall F-Measure ROC Area
0 0 0 0 0 0.5
1 1 0.333 1 0.5 0.5
0 0 0 0 0 0.5
Weighted Avg. 0.333 0.333 0.111 0.333 0.167 0.5
=== Confusion Matrix ===
a b c <-- classified as
0 1 0 | a = Ruby on Rails
0 1 0 | b = java
0 1 0 | c = ios

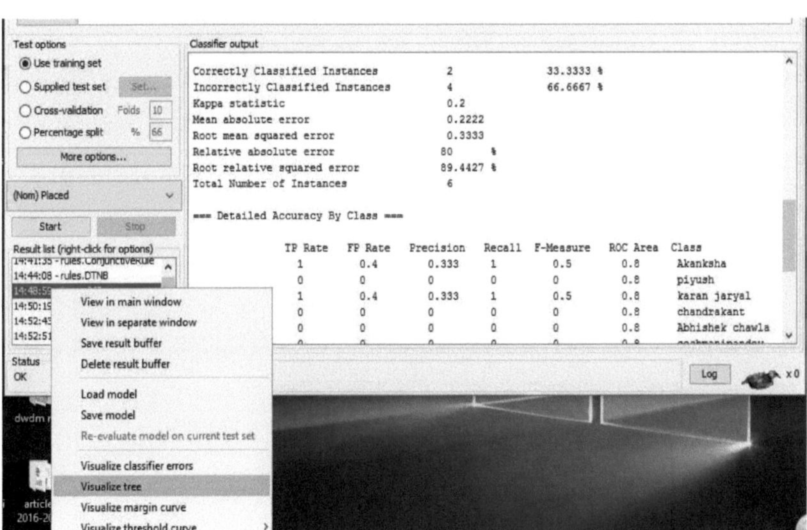
Test options
Use training set
Supplied test set
Set...
Cross-validation
Folds
10
Percentage split
%
66
More options...
(Nom) Placed
Start
Stop
Result list (right-click for options)
14:41:35 - rules.ConjunctiveRule
14:44:08 - rules.DTNB
Status
OK
View in main window
View in separate window
Save result buffer
Delete result buffer
Load model
Save model
Re-evaluate model on current test set
Visualize classifier errors
Visualize tree
Visualize margin curve
Visualize threshold curve
Classifier output
Correctly Classified Instances 2 33.3333 %
Incorrectly Classified Instances 4 66.6667 %
Kappa statistic 0.2
Mean absolute error 0.2222
Root mean squared error 0.3333
Relative absolute error 80 %
Root relative squared error 89.4427 %
Total Number of Instances 6
=== Detailed Accuracy By Class ===
TP Rate FP Rate Precision Recall F-Measure ROC Area Class
1 0.4 0.333 1 0.5 0.8 Akanksha
0 0 0 0 0 0.8 piyush
1 0.4 0.333 1 0.5 0.8 karan jaryal
0 0 0 0 0 0.8 chandrakant
0 0 0 0 0 0.8 Abhishek chawla
Log
x 0

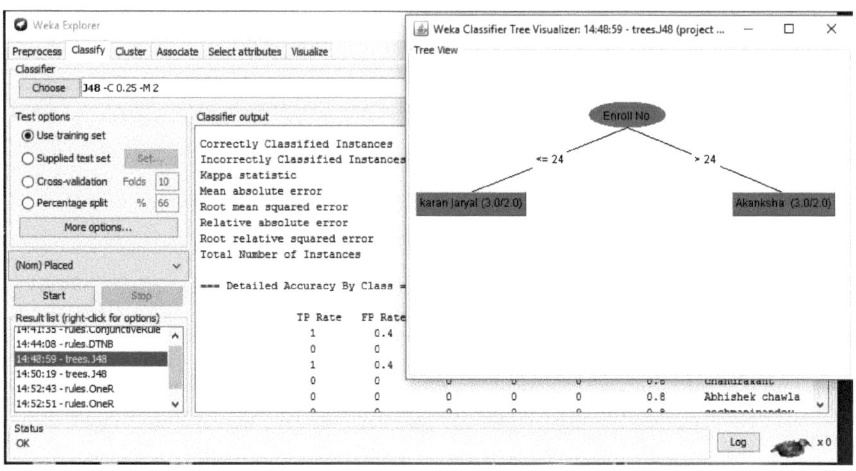
Weka Explorer
Preprocess
Classify
Cluster
Associate
Select attributes
Visualize
Classifier
Choose
J48 -C 0.25 -M 2
Test options
Use training set
Supplied test set
Set...
Cross-validation
Folds
10
Percentage split
%
66
More options...
(Nom) Placed
Start
Stop
Result list (right-click for options)
14:44:08 - rules.DTNB
14:48:59 - trees.J48
14:50:19 - trees.J48
14:52:43 - rules.OneR
14:52:51 - rules.OneR
Classifier output
Correctly Classified Instances
Incorrectly Classified Instances
Kappa statistic
Mean absolute error
Root mean squared error
Relative absolute error
Root relative squared error
Total Number of Instances
=== Detailed Accuracy By Class =
TP Rate
FP Rate
Abhishek chawla
Status
OK
Log
x 0
Weka Classifier Tree Visualizer: 14:48:59 - trees.J48 (project ...
Tree View
Enroll No
<= 24
> 24
karan jaryal (3.0/2.0)
Akanksha (3.0/2.0)

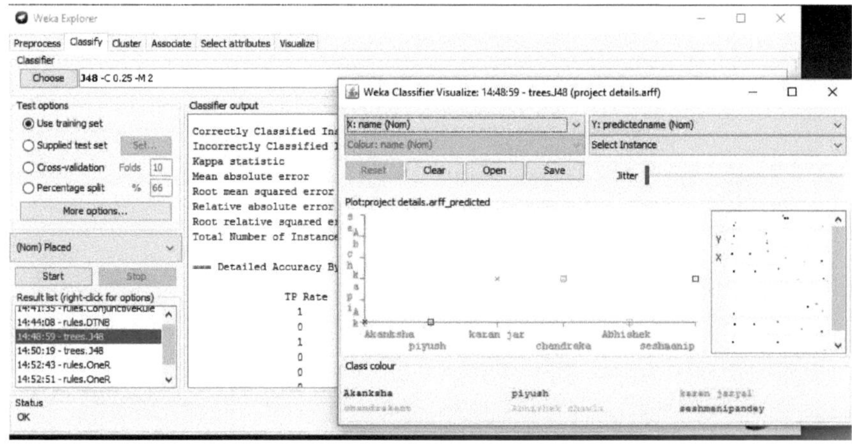
Weka Explorer
Preprocess
Classify
Cluster
Associate
Select attributes
Visualize
Classifier
Choose
J48 -C 0.25 -M 2
Test options
Use training set
Supplied test set
Set...
Cross-validation
Folds
10
Percentage split
%
66
More options...
(Nom) Placed
Start
Stop
Result list (right-click for options)
14:44:08 - rules.DTNB
14:48:59 - trees.J48
14:50:19 - trees.J48
14:52:43 - rules.OneR
14:52:51 - rules.OneR
Status
OK
Classifier output
Correctly Classified Ins
Incorrectly Classified I
Kappa statistic
Mean absolute error
Root mean squared error
Relative absolute error
Root relative squared e
Total Number of Instance
=== Detailed Accuracy By
TP Rate
Weka Classifier Visualize: 14:48:59 - trees.J48 (project details.arff)
X: name (Nom)
Y: predictedname (Nom)
Colour: name (Nom)
Select Instance
Reset
Clear
Open
Save
Jitter
Plot:project details.arff_predicted
Akanksha
piyush
karan jar
chandraka
Abhishek
seshmanip
Class colour
Akanksha
piyush
karan jaryal
chandrakant
Abhishek chawla
seshmanipandey

CAPÍTULO 4: AGRUPAMENTO

4.1 Agrupamento de dados:

O WEKA contém "clusterers" para encontrar grupos de instâncias semelhantes num conjunto de dados. Os esquemas de agrupamento disponíveis no WEKA são k-Means, EM, Cobweb, X-means, Farthest First. Os clusters podem ser visualizados e comparados com os clusters "verdadeiros" (se existirem). A avaliação é baseada na verosimilhança (log likelihood) se o esquema de agrupamento produzir uma distribuição de probabilidade.

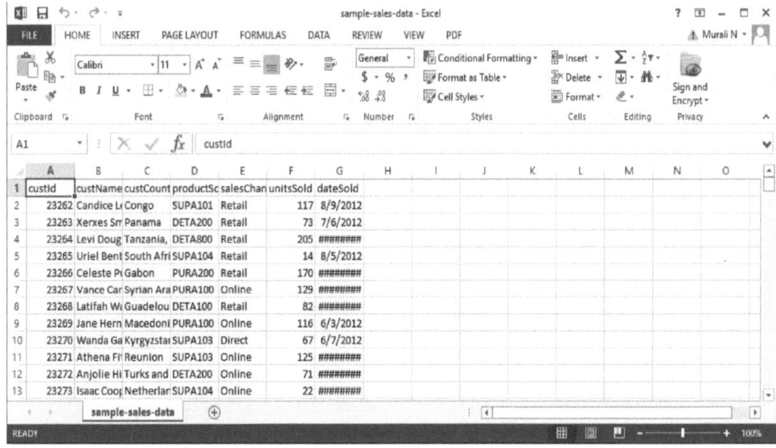

	custId	custName	custCount	productSc	salesChan	unitsSold	dateSold
2	23262	Candice L	Congo	SUPA101	Retail	117	8/9/2012
3	23263	Xerxes Sm	Panama	DETA200	Retail	73	7/6/2012
4	23264	Levi Doug	Tanzania,	DETA800	Retail	205	########
5	23265	Uriel Bent	South Afri	SUPA104	Retail	14	8/5/2012
6	23266	Celeste P	Gabon	PURA200	Retail	170	########
7	23267	Vance Car	Syrian Ara	PURA100	Online	129	########
8	23268	Latifah W	Guadelou	DETA100	Retail	82	########
9	23269	Jane Hern	Macedoni	PURA100	Online	116	6/3/2012
10	23270	Wanda Ga	Kyrgyzsta	SUPA103	Direct	67	6/7/2012
11	23271	Athena Fi	Reunion	SUPA103	Online	125	########
12	23272	Anjolie Hi	Turks and	DETA200	Online	71	########
13	23273	Isaac Coo	Netherlar	SUPA104	Online	22	########

Uma empresa internacional de catálogos em linha pretende agrupar os seus clientes com base em caraterísticas comuns. A direção da empresa não tem quaisquer rótulos predefinidos para estes grupos. Com base no resultado do agrupamento, a empresa irá direcionar as campanhas de marketing e publicidade para os diferentes grupos. As informações de que dispõem sobre os clientes incluem a identificação do cliente, Nome do cliente, número de clientes, ProductSold, Canal de vendas, Unidades vendidas, Data de venda.

Para o nosso exercício, vamos utilizar uma parte da base de dados para clientes nos EUA. Dependendo do tipo de produtos vendidos, nem todos os atributos são importantes. Por exemplo, suponha que para conhecer o det

Na janela 'Preprocess', clique no botão 'Open file...' (Abrir ficheiro...) e selecione o ficheiro "customers.csv". Clique no separador "Cluster" na parte superior da janela do WEKA Explorer.

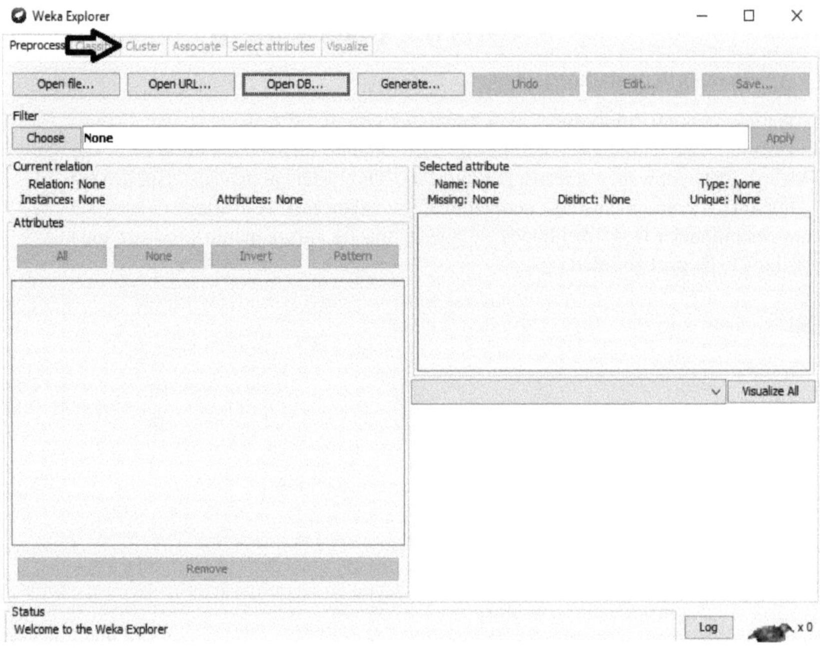
Weka Explorer
Preprocess
Classify
Cluster
Associate
Select attributes
Visualize
Open file...
Open URL...
Open DB...
Generate...
Undo
Edit...
Save...
Filter
Choose
None
Apply
Current relation
Relation: None
Instances: None
Attributes: None
Selected attribute
Name: None
Type: None
Missing: None
Distinct: None
Unique: None
Attributes
All
None
Invert
Pattern
Visualize All
Remove
Status
Welcome to the Weka Explorer
Log
x 0

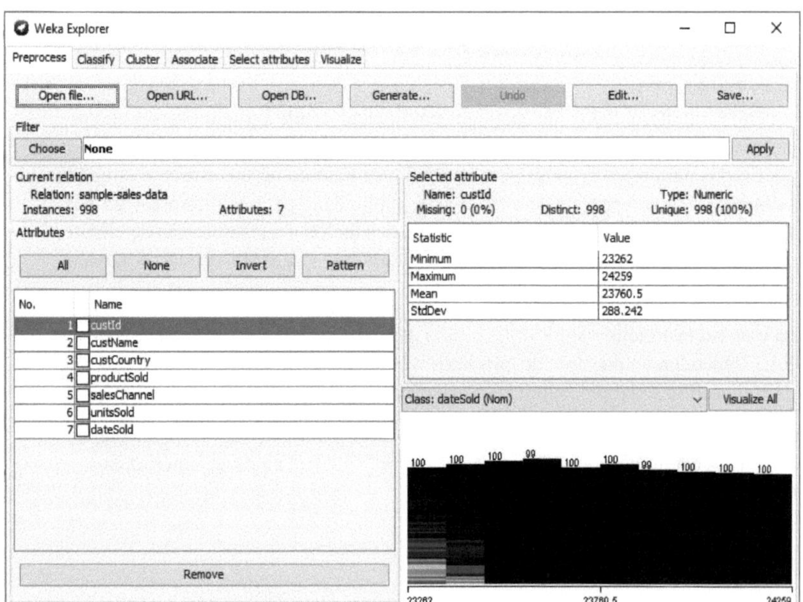
Weka Explorer
Preprocess
Classify
Cluster
Associate
Select attributes
Visualize
Open file...
Open URL...
Open DB...
Generate...
Undo
Edit...
Save...
Filter
Choose
None
Apply
Current relation
Relation: sample-sales-data
Instances: 998
Attributes: 7
Selected attribute
Name: custId
Type: Numeric
Missing: 0 (0%)
Distinct: 998
Unique: 998 (100%)
Attributes
All
None
Invert
Pattern
No.
Name
1 custId
2 custName
3 custCountry
4 productSold
5 salesChannel
6 unitsSold
7 dateSold
Statistic
Value
Minimum
23262
Maximum
24259
Mean
23760.5
StdDev
288.242
Class: dateSold (Nom)
Visualize All
100
100
100
99
100
100
99
100
100
100
Remove
23262
23760.5
24259

4.2 Seleção do esquema de agrupamento:

Na caixa "Clusterer", clique no botão "Choose" (Escolher). No menu pendente, selecione WEKA Æ Clusterers e selecione o esquema de agrupamento "SimpleKMeans". Algumas implementações do K-Means apenas permitem valores numéricos para os atributos; por conseguinte, não é necessário utilizar um filtro.

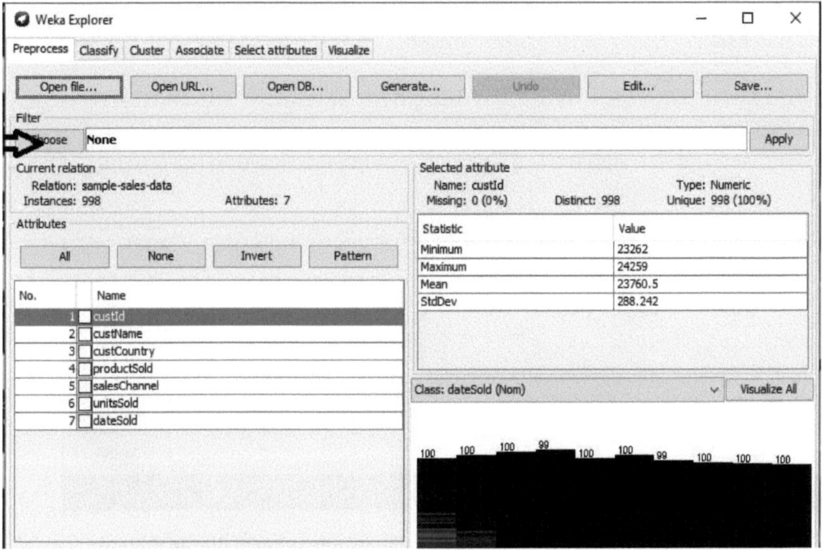

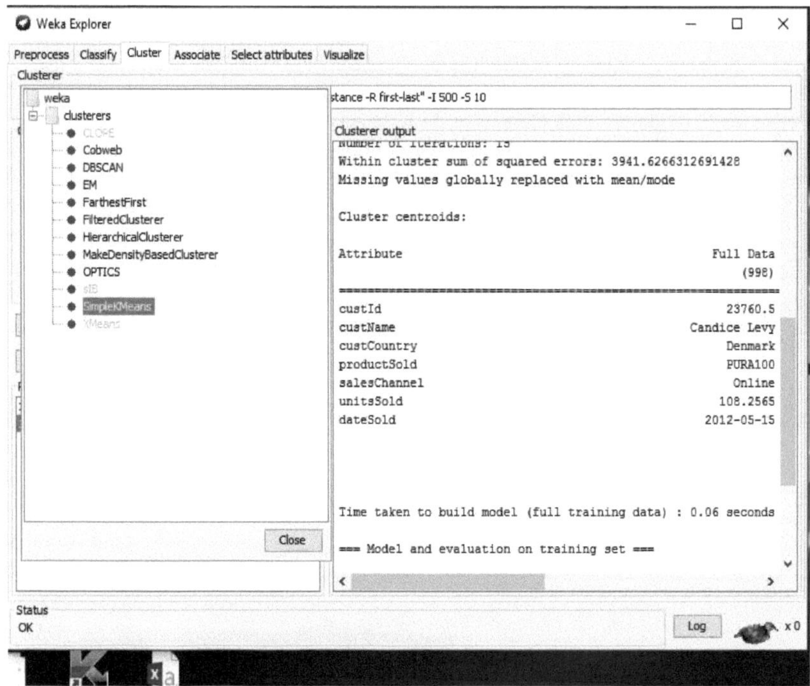

Uma vez escolhido o algoritmo de agrupamento, clique com o botão direito do rato no algoritmo e o "weak.gui.GenericObjectEditor" aparece no ecrã. Defina o valor na caixa "numClusters" para 5 (em vez do valor predefinido de 2) porque tem cinco clusters no seu ficheiro .arff. Deixe o valor de 'seed' como está. O valor da semente é usado na geração de um número aleatório, que é usado para fazer a atribuição inicial de instâncias aos clusters. Note que, em geral, o K-means é bastante sensível à forma como os clusters são inicialmente atribuídos. Assim, é frequentemente necessário experimentar valores diferentes e avaliar os resultados.

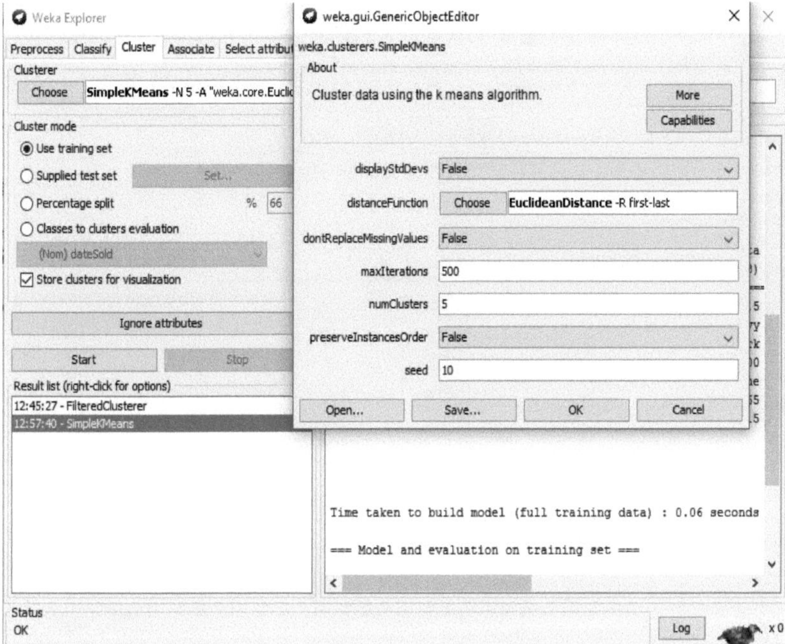

4.3 Definir opções de teste:

Antes de executar o algoritmo de agrupamento, é necessário escolher o "Modo de agrupamento". Clique no botão de rádio "Classes para avaliação de agrupamentos" na caixa "Modo de agrupamento" e selecione na caixa pendente abaixo.

Uma vez especificadas as opções, pode executar o algoritmo de agrupamento. Clique no botão 'Iniciar' para executar o algoritmo.

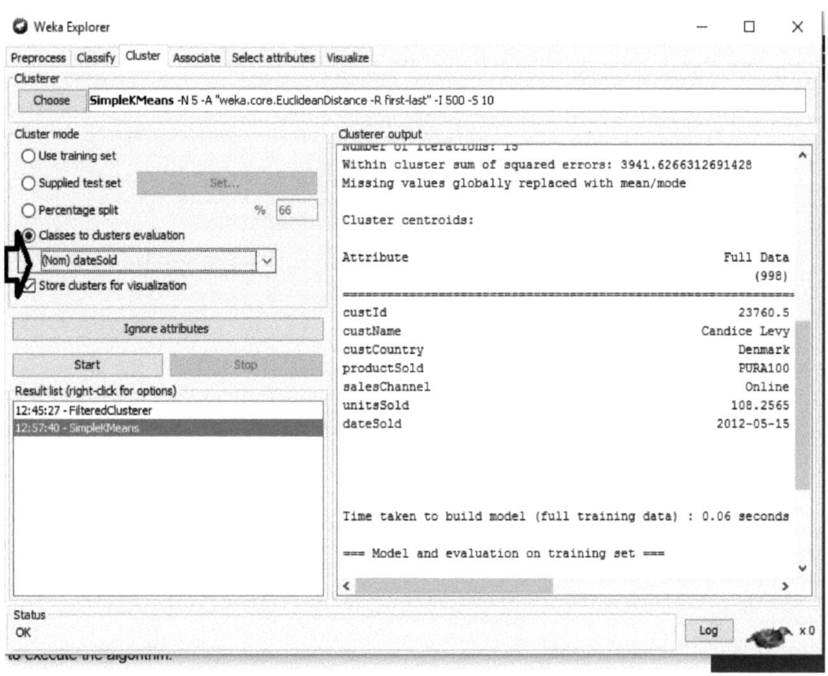
Weka Explorer
Preprocess
Classify
Cluster
Associate
Select attributes
Visualize
Clusterer
Choose
SimpleKMeans -N 5 -A "weka.core.EuclideanDistance -R first-last" -I 500 -S 10
Cluster mode
Use training set
Supplied test set
Set...
Percentage split
% 66
Classes to clusters evaluation
(Nom) dateSold
Store clusters for visualization
Ignore attributes
Start
Stop
Result list (right-click for options)
12:45:27 - FilteredClusterer
12:57:40 - SimpleKMeans
Clusterer output
Within cluster sum of squared errors: 3941.6266312691428
Missing values globally replaced with mean/mode
Cluster centroids:
Attribute Full Data
(998)
custId 23760.5
custName Candice Levy
custCountry Denmark
productSold PURA100
salesChannel Online
unitsSold 108.2565
dateSold 2012-05-15
Time taken to build model (full training data) : 0.06 seconds
=== Model and evaluation on training set ===
Status
OK
Log
x 0

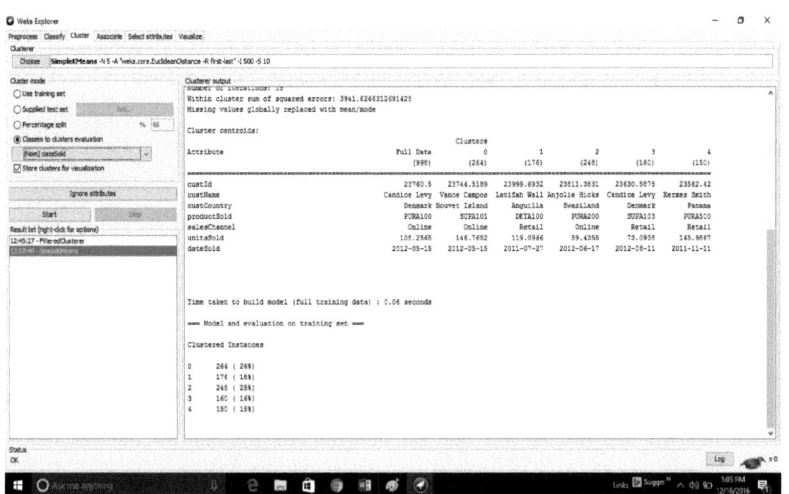
Weka Explorer
Preprocess
Classify
Cluster
Associate
Select attributes
Visualize
SimpleKMeans -N 5 -A "weka.core.EuclideanDistance -R first-last" -I 500 -S 10
Within cluster sum of squared errors: 3941.6266312691428
Missing values globally replaced with mean/mode
Cluster centroids:
Cluster#
Attribute Full Data 0 1 2 3 4
(998) (264) (176) (248) (160) (150)
custId 23760.5 23744.5189 23999.6932 23811.3831 23630.5875 23562.42
custName Candice Levy Vance Campos Latifah Wall Anjolie Hicks Candice Levy Xerxes Smith
custCountry Denmark Bouvet Island Anguilla Swaziland Denmark Panama
productSold PURA100 SUPA101 DETA100 PURA200 SUPA103 PURA500
salesChannel Online Online Retail Online Retail Retail
unitsSold 108.2565 146.7652 119.0966 59.4355 73.0938 145.9867
dateSold 2012-05-15 2012-05-15 2011-07-27 2012-06-17 2012-08-11 2011-11-11
Time taken to build model (full training data) : 0.06 seconds
=== Model and evaluation on training set ===
Clustered Instances
0 264 (26%)
1 176 (18%)
2 248 (25%)
3 160 (16%)
4 150 (15%)
Status
OK
Log

4.4 Visualização de resultados

Outra forma de representar os resultados do agrupamento é através da visualização. Clique com o botão direito do rato na entrada da 'Lista de resultados' e selecione 'Visualizar atribuições de clusters' na janela pendente.

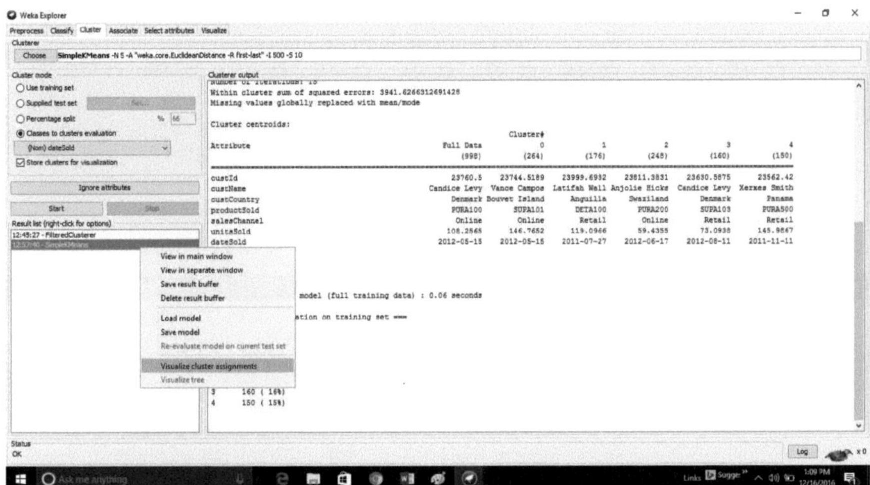

Isto abre a janela 'Weka Clusterer Visualize'.

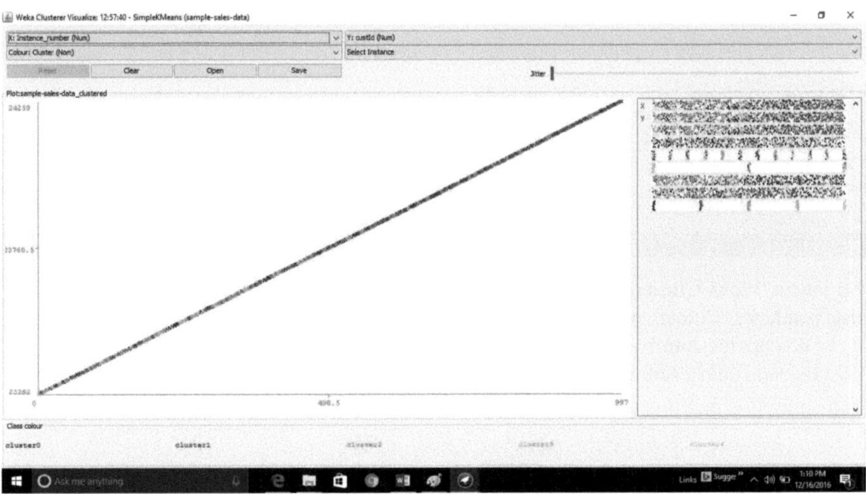

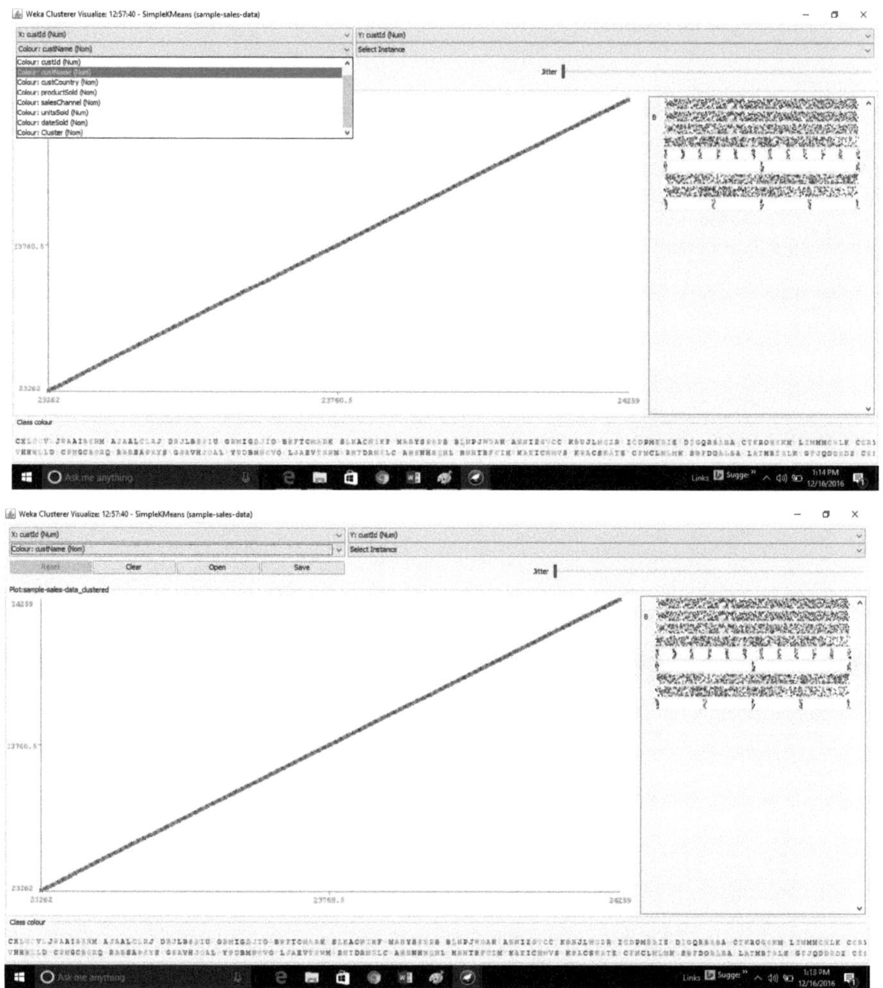

Na janela 'Weka Clusterer Visualize', por baixo do seletor do eixo X, existe uma lista pendente, 'Colour', para escolher o esquema de cores. Isto permite-lhe escolher a cor dos pontos com base no atributo selecionado. Abaixo da área do gráfico, há uma legenda que descreve os valores aos quais as cores correspondem.

CAPÍTULO 5: ASSOCIAÇÃO

5.1 Encontrar associações

O WEKA contém uma implementação do algoritmo Apriori para aprender regras de associação. Este é o único esquema atualmente disponível para aprender associações no WEKA. Funciona apenas com dados discretos e identifica dependências estatísticas entre grupos de atributos. O Apriori pode calcular todas as regras que têm um determinado suporte mínimo e excedem uma determinada confiança.

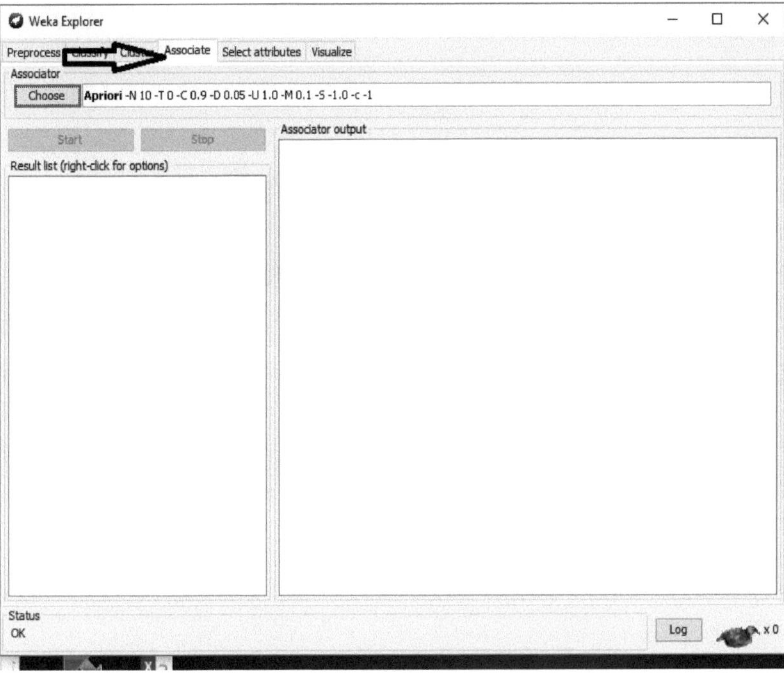

Para este exercício, serão utilizados os dados de vendas do ficheiro "sales-sample-data.csv".

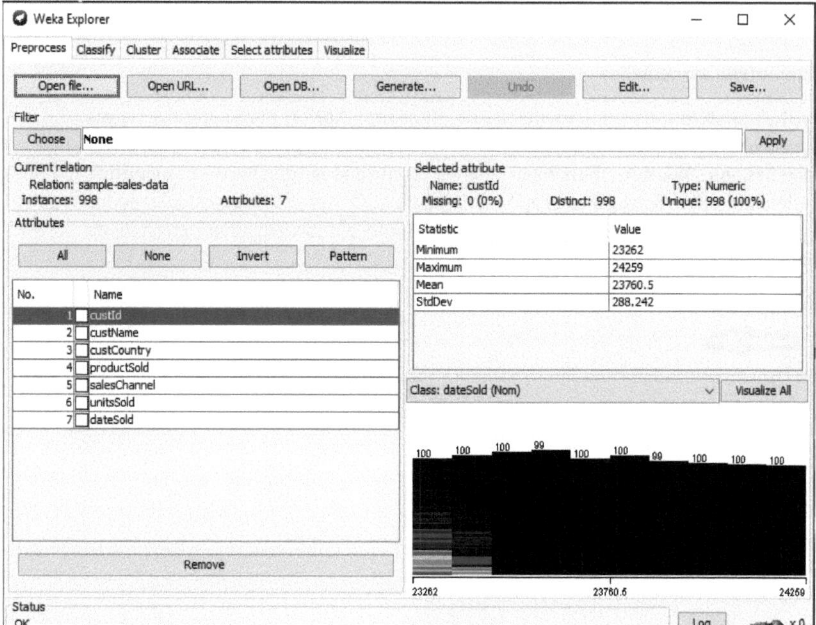

5.2 Definir opções de teste

Selecione o campo de texto na caixa "Associador", na parte superior da janela. Como pode ver, não existem outros associadores para escolher e não existem opções extra para testar o esquema de aprendizagem

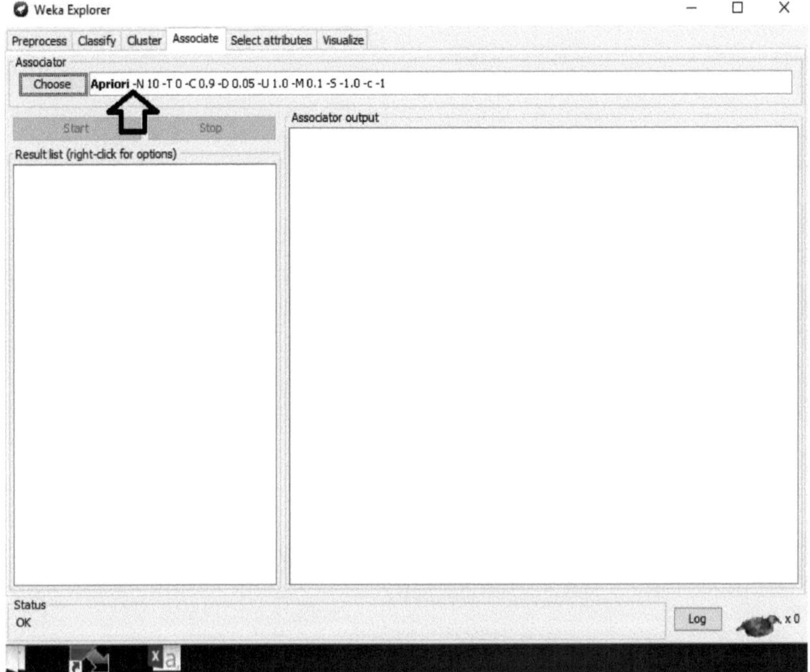

Clique com o botão direito do rato na caixa "Associator" e clique em mostrar propriedades. Na caixa de diálogo, altere o valor em 'minMetric' para 0,4 para confiança = 40%. Certifique-se de que o valor predefinido das regras está definido para 100. O limite superior para o suporte mínimo 'upperBoundMinSupport' deve ser definido para 1,0 (100%) e 'lowerBoundMinSupport' para 0,1. O Apriori no WEKA começa com o limite superior de suporte e diminui gradualmente o suporte (por incrementos delta, que por predefinição está definido para 0,05 ou 5%). O algoritmo pára quando é gerado o número especificado de regras ou é atingido o limite inferior do suporte mínimo. A opção de teste 'significanceLevel' só é aplicável no caso da confiança e é (-1,0) por defeito (não utilizada).

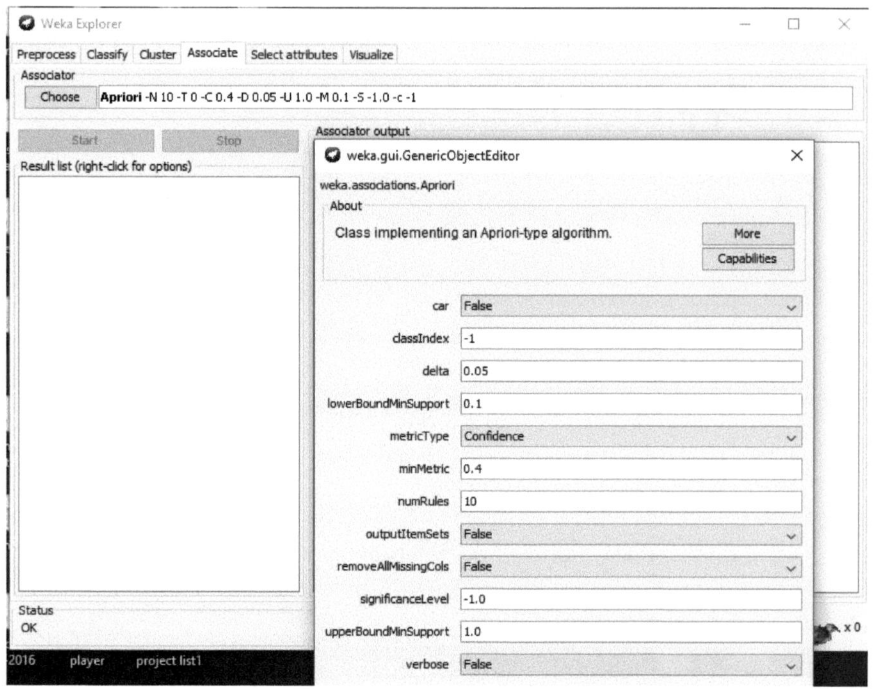

Uma vez especificadas as opções, pode executar o algoritmo Apriori. Clique no botão "Iniciar" para executar o algoritmo.

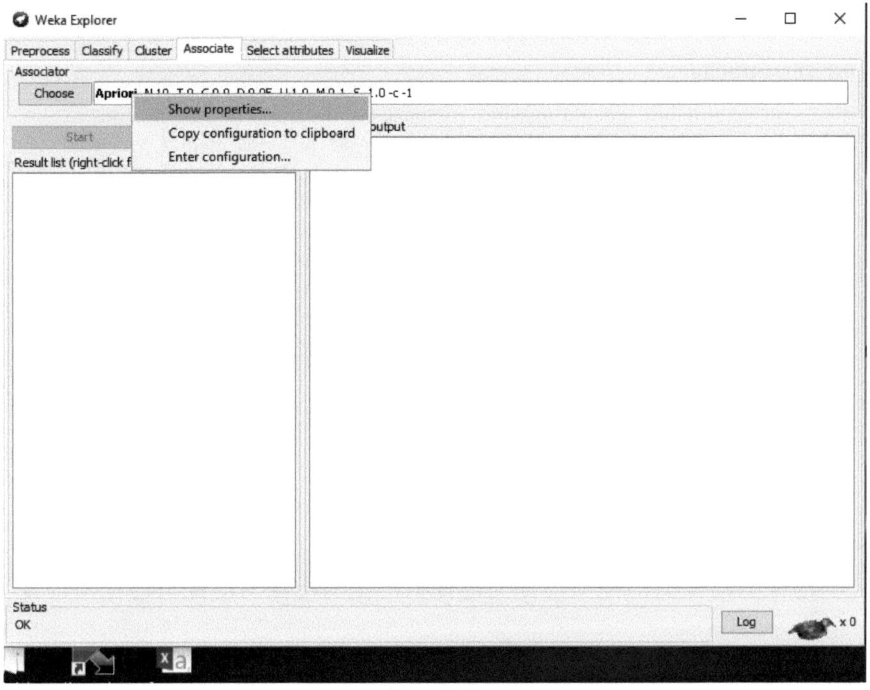
Weka Explorer
Preprocess
Classify
Cluster
Associate
Select attributes
Visualize
Associator
Choose
Show properties...
Copy configuration to clipboard
Enter configuration...
Start
Result list (right-click f
Status
OK
Log
x 0

CAPÍTULO 6: SELECÇÃO DE ATRIBUTOS

6.1 Introdução:

A seleção de atributos procura todas as combinações possíveis de atributos nos dados e descobre qual o subconjunto de atributos que funciona melhor para a previsão. Os métodos de seleção de atributos contêm duas partes: um método de pesquisa, como o melhor primeiro, a seleção avançada, o aleatório, o exaustivo, o algoritmo genético, a classificação, e um método de avaliação, como o baseado na correlação, o wrapper, o ganho de informação, o qui-quadrado. O mecanismo de seleção de atributos é muito flexível - o WEKA permite combinações (quase) arbitrárias dos dois métodos.

Para iniciar uma seleção de atributos, clique no separador "Selecionar atributos".

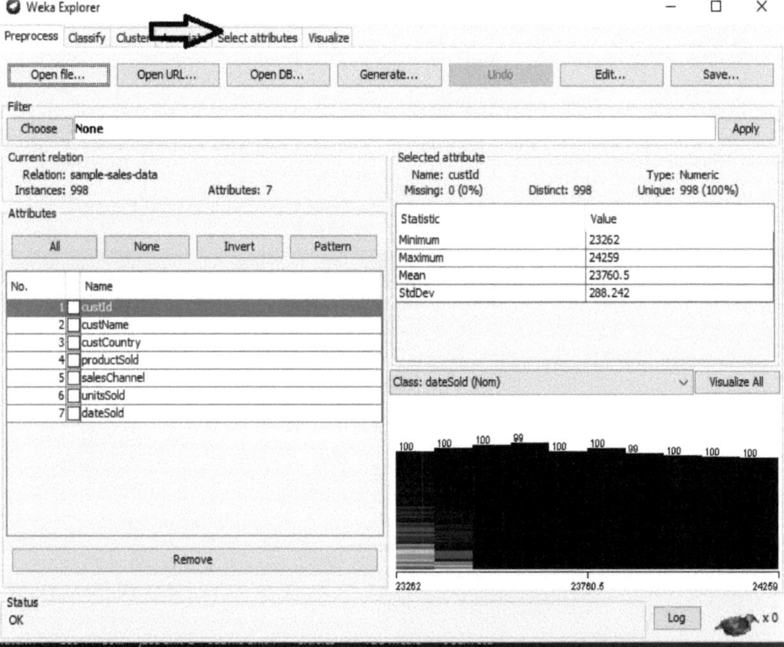

6.2 Seleção de opções

Para pesquisar todas as combinações possíveis de atributos nos dados e descobrir qual o subconjunto de atributos que funciona melhor para a previsão, certifique-se de que define o avaliador de atributos como 'CfsSubsetEval' e um método de pesquisa como 'BestFirst'. O avaliador determinará qual o método a utilizar para atribuir um valor a cada subconjunto de atributos. O método de pesquisa determinará o estilo de pesquisa a efetuar. As opções que podem ser definidas para seleção na caixa "Modo de seleção de atributos" são :

1. **Utilizar o conjunto de treino completo**. O valor do subconjunto de atributos é determinado utilizando o conjunto completo de dados de treino.

2. Validação cruzada. O valor do subconjunto de atributos é determinado por um processo de validação cruzada. Os campos "Fold" e "Seed" definem o número de dobras a utilizar e a semente aleatória utilizada ao baralhar os dados.

Especifique o atributo a tratar como classe na caixa pendente por baixo das opções de teste. Quando todas as opções de teste estiverem definidas, pode iniciar o processo de seleção de atributos clicando no botão "Iniciar".

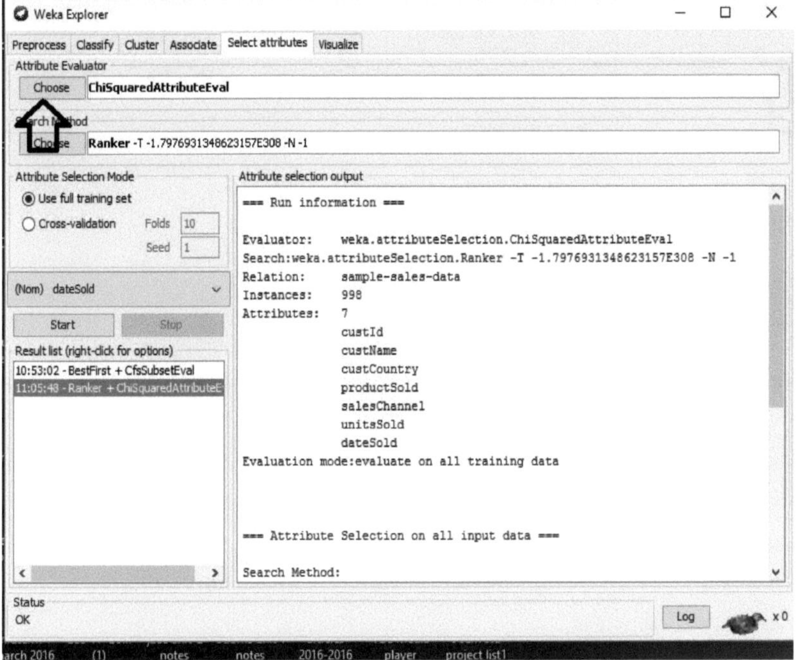

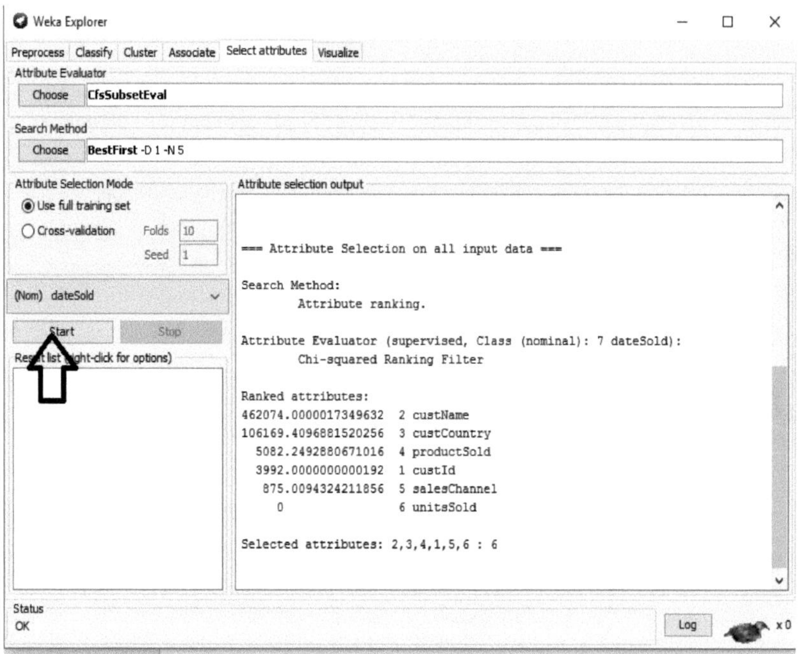

Weka Explorer
Preprocess
Classify
Cluster
Associate
Select attributes
Visualize
Attribute Evaluator
Choose
CfsSubsetEval
Search Method
Choose
BestFirst -D 1 -N 5
Attribute Selection Mode
Use full training set
Cross-validation
Folds
10
Seed
1
(Nom) dateSold
Start
Stop
Result list (right-click for options)
Attribute selection output
=== Attribute Selection on all input data ===
Search Method:
Attribute ranking.
Attribute Evaluator (supervised, Class (nominal): 7 dateSold):
Chi-squared Ranking Filter
Ranked attributes:
462074.0000017349632 2 custName
106169.4096881520256 3 custCountry
5082.2492880671016 4 productSold
3992.0000000000192 1 custId
875.0094324211856 5 salesChannel
0 6 unitsSold
Selected attributes: 2,3,4,1,5,6 : 6
Status
OK
Log
x 0

CAPÍTULO 7: VISUALIZAÇÃO DE DADOS

7.1 Introdução:

A visualização do WEKA permite-lhe visualizar um gráfico 2-D da relação de trabalho atual. A visualização é muito útil na prática, pois ajuda a determinar a dificuldade do problema de aprendizagem. WEKA pode visualizar atributos individuais (1-d) e pares de atributos (2-d), rodar visualizações 3-d (estilo Xgobi). O WEKA tem a opção "Jitter" para lidar com atributos nominais e para detetar pontos de dados "escondidos".

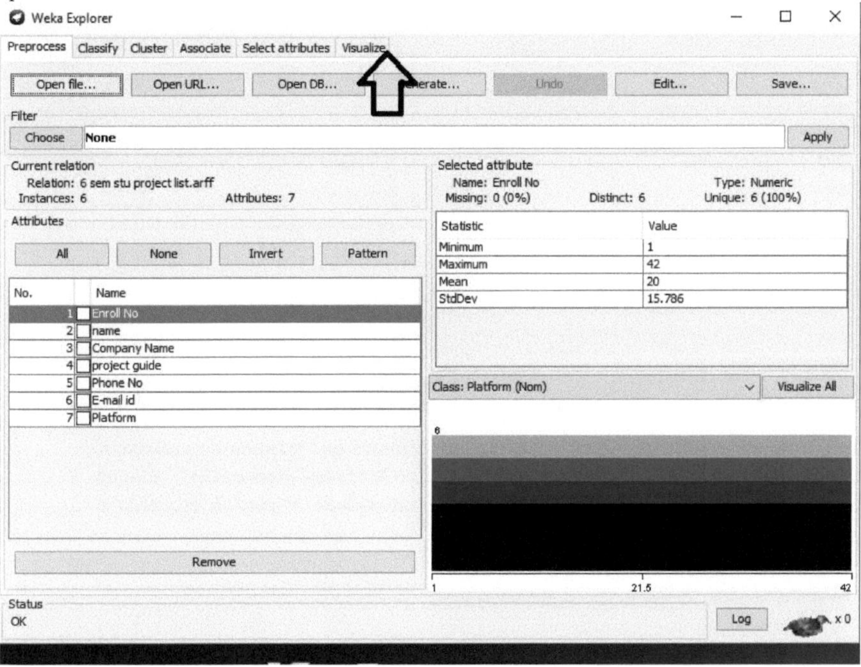

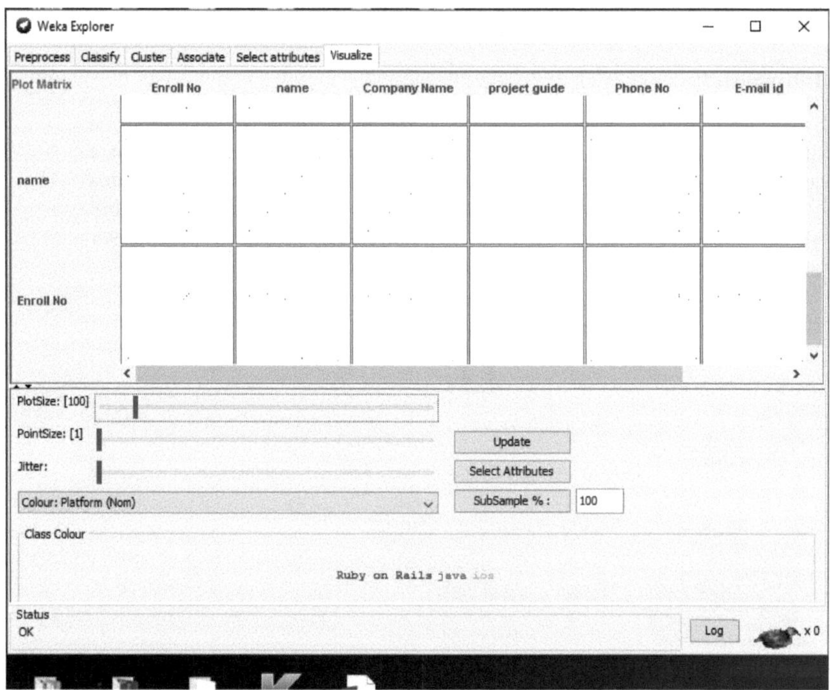

Selecione um quadrado que corresponda aos atributos que gostaria de visualizar. Por exemplo, vamos escolher "outlook" para o eixo X e "play" para o eixo Y. Clique em qualquer lugar dentro do quadrado que corresponde a 'play' à esquerda e 'outlook' na parte superior.

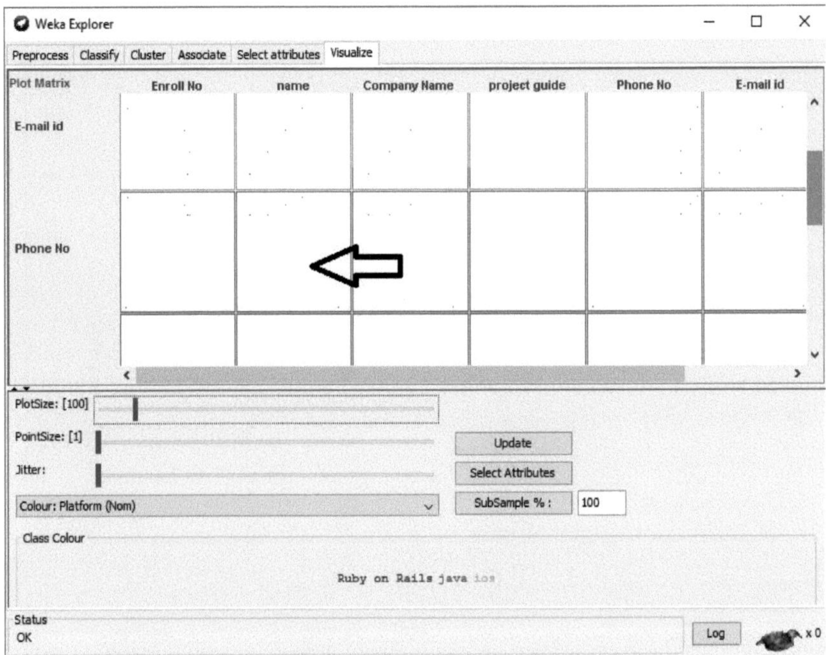

Aparece no ecrã a janela "Visualizar r

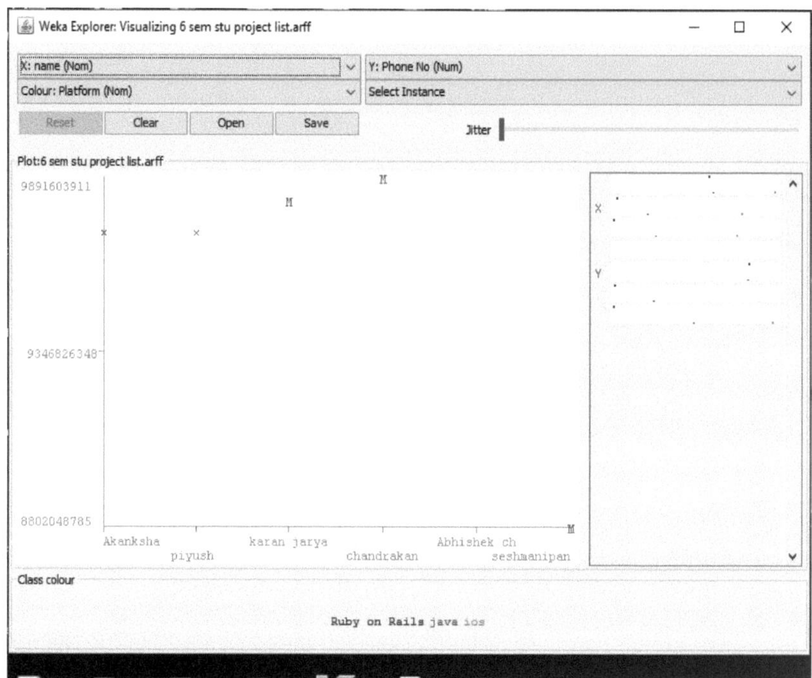

7.2 Alterar a vista

Na janela de visualização, por baixo do seletor do eixo X, existe uma lista pendente, "Cor", para escolher o esquema de cores. Isto permite-lhe escolher a cor dos pontos com base no atributo selecionado.

Por baixo da área do gráfico, existe uma legenda que descreve os valores a que as cores correspondem. No seu exemplo, o vermelho representa "não", enquanto o azul representa "sim". Para uma melhor visibilidade, deve mudar a cor da etiqueta "sim". Clique com o botão esquerdo do rato em "sim" na caixa "Cor da classe" e selecione uma cor mais clara na paleta de cores. À direita da área de desenho há uma série de tiras horizontais.

Cada faixa representa um atributo e os pontos dentro dela mostram os valores de distribuição do atributo. Pode escolher os eixos que são utilizados no gráfico principal clicando nestas tiras (o clique esquerdo altera o eixo X, o clique direito altera o eixo Y). O software define o eixo X para o atributo "Outlook" e o eixo Y para "Reproduzir". As instâncias estão espalhadas na área do gráfico e os pontos de concentração não são visíveis. Continue a deslizar "Jitter", uma deslocação aleatória atribuída a todos os pontos do gráfico, para a direita, até conseguir detetar os pontos de concentração.

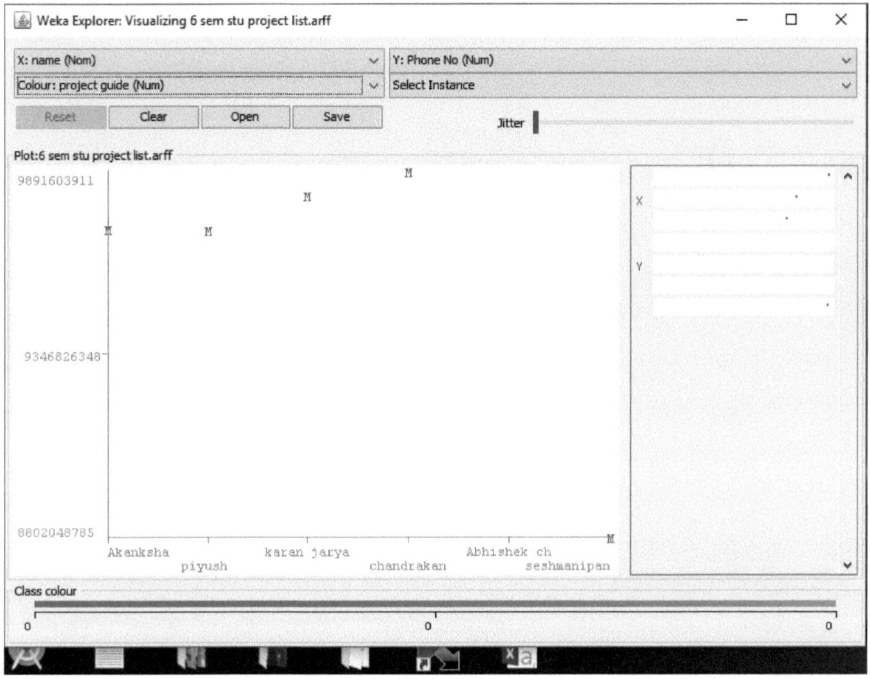
Weka Explorer: Visualizing 6 sem stu project list.arff
X: name (Nom)
Y: Phone No (Num)
Colour: project guide (Num)
Select Instance
Reset
Clear
Open
Save
Jitter
Plot:6 sem stu project list.arff
9891603911
9346826348
8802048785
Akanksha
piyush
karan jarya
chandrakan
Abhishek ch
seshmanipan
Class colour
0
0
0

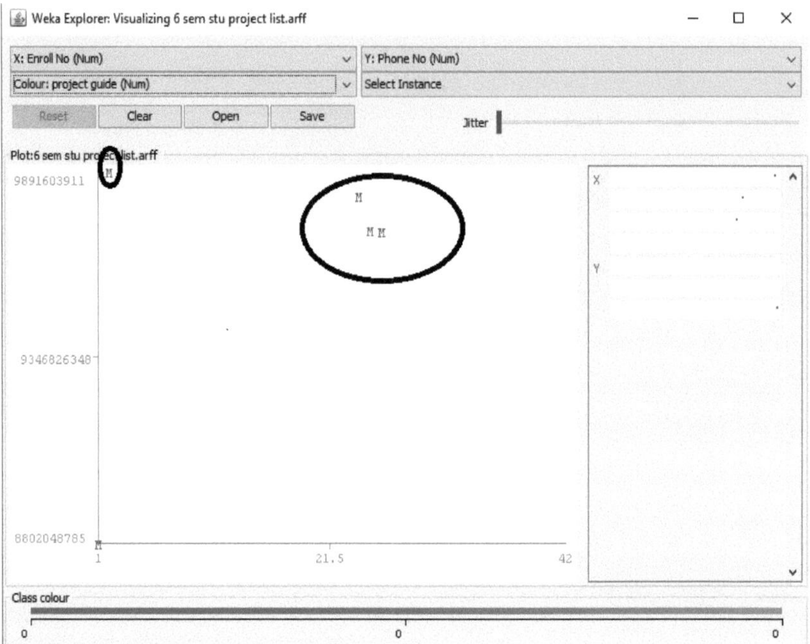

7.3 Seleção de instâncias:

Por vezes, é útil selecionar um subconjunto dos dados utilizando a ferramenta de visualização. Um caso especial é o "Classificador do utilizador", que lhe permite criar o seu próprio classificador selecionando instâncias de forma interactiva. Abaixo do eixo Y, há uma lista suspensa que permite escolher um método de seleção. Um grupo de pontos no gráfico pode ser selecionado de quatro formas.

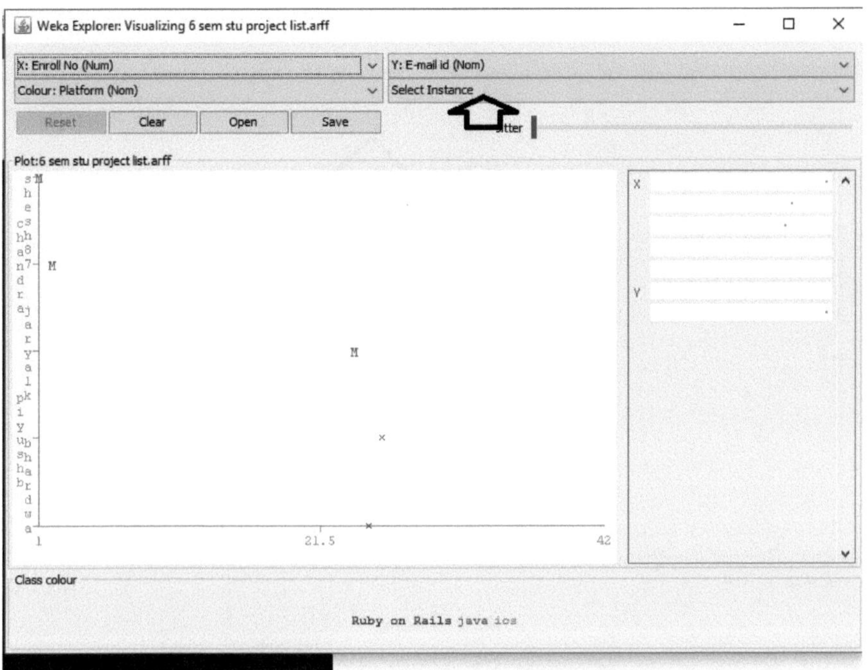
Weka Explorer: Visualizing 6 sem stu project list.arff
X: Enroll No (Num)
Y: E-mail id (Nom)
Colour: Platform (Nom)
Select Instance
Reset
Clear
Open
Save
Jitter
Plot:6 sem stu project list.arff
1
21.5
42
Class colour
Ruby on Rails java ios

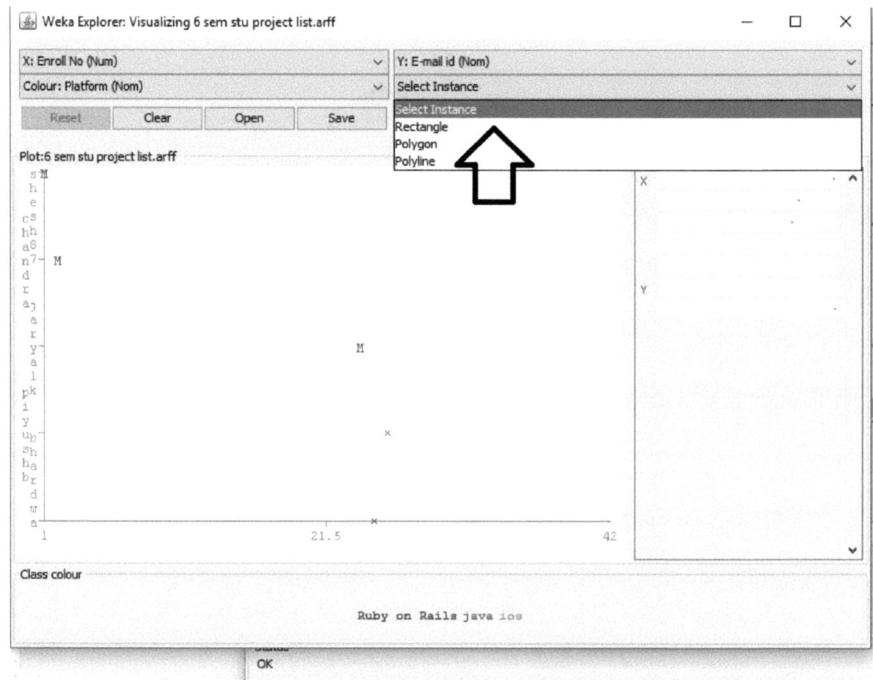

1. Selecionar a instância

Clique num ponto de dados individual. Aparece uma janela que lista os atributos do ponto. Se aparecer mais do que um ponto no mesmo local, será apresentado mais do que um conjunto de atributos.

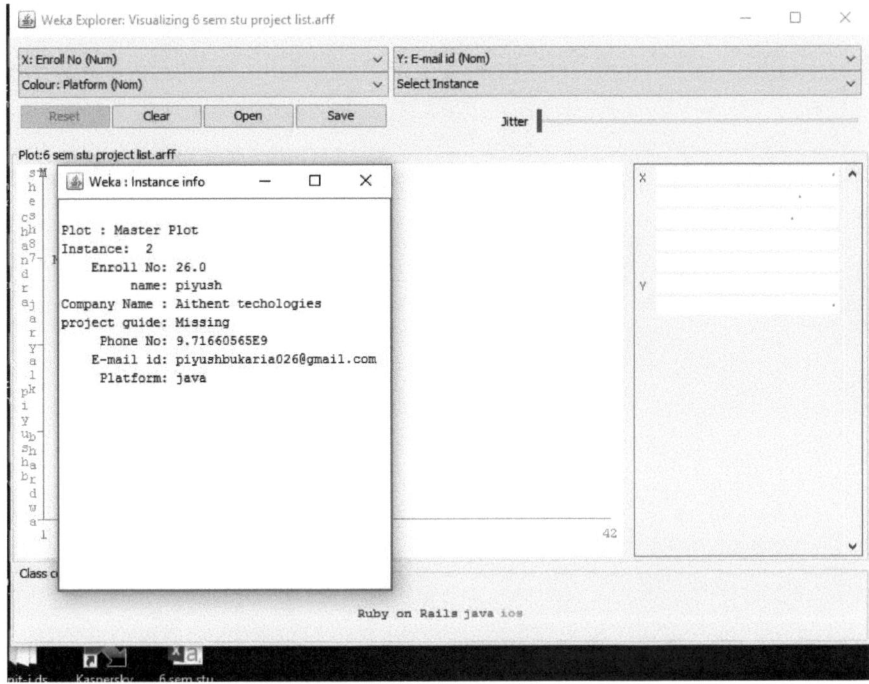

2. Retângulo: Pode criar um retângulo arrastando-o à volta dos pontos.

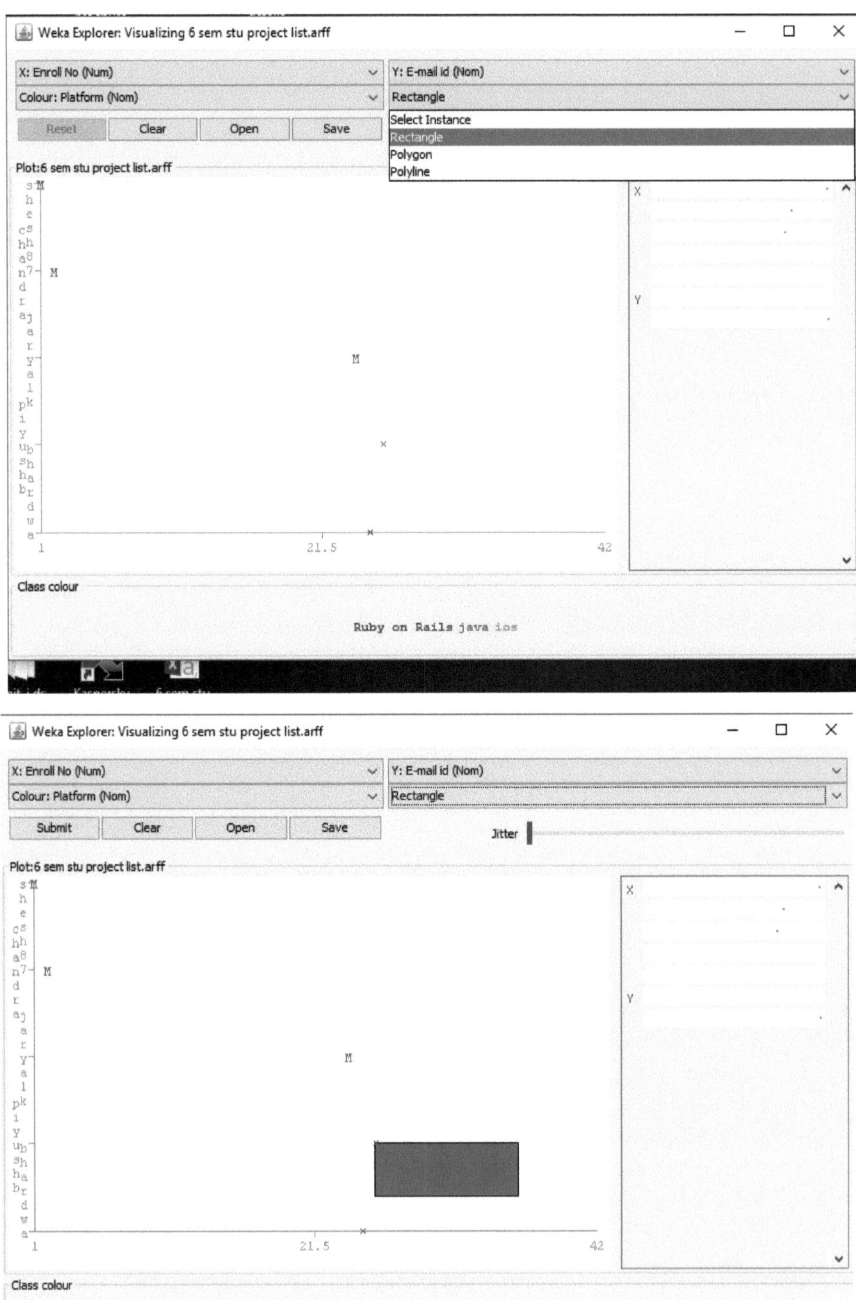

Weka Explorer: Visualizing 6 sem stu project list.arff
X: Enroll No (Num)
Y: E-mail id (Nom)
Colour: Platform (Nom)
Rectangle
Reset
Clear
Open
Save
Select Instance
Rectangle
Polygon
Polyline
Plot:6 sem stu project list.arff
1
21.5
42
Class colour
Ruby on Rails java ios
Weka Explorer: Visualizing 6 sem stu project list.arff
X: Enroll No (Num)
Y: E-mail id (Nom)
Colour: Platform (Nom)
Rectangle
Submit
Clear
Open
Save
Jitter
Plot:6 sem stu project list.arff
1
21.5
42
Class colour

3. Polígono: Pode selecionar vários pontos construindo um polígono de forma livre. Clique com o botão esquerdo do rato no gráfico para adicionar vértices ao polígono e clique com o botão direito do rato para o completar.

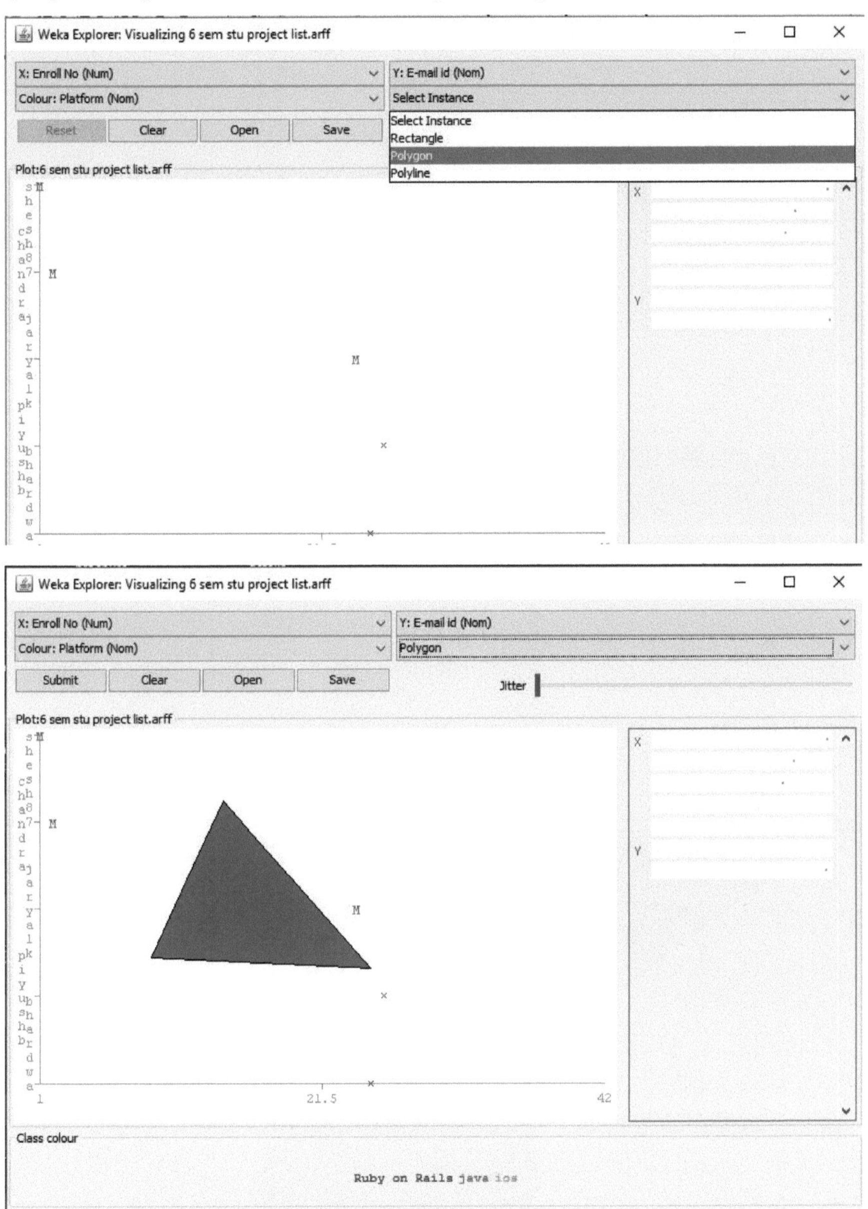

4. Polilinha: Para distinguir os pontos de um lado dos pontos do outro, pode construir uma polilinha. Clique com o botão esquerdo do rato no gráfico para adicionar vértices à polilinha e clique com o botão direito do rato para terminar.

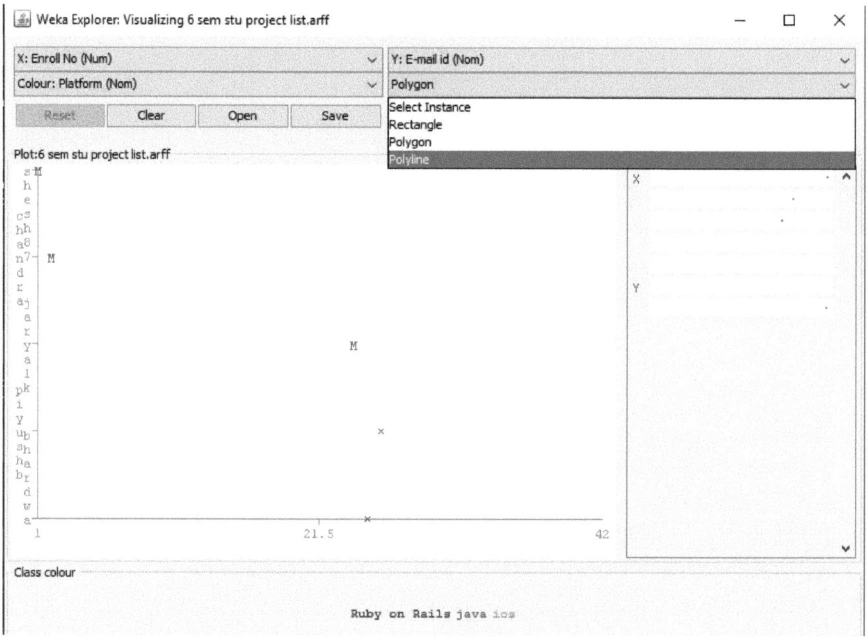

Weka Explorer: Visualizing 6 sem stu project list.arff
X: Enroll No (Num)
Y: E-mail id (Nom)
Colour: Platform (Nom)
Polygon
Reset
Clear
Open
Save
Select Instance
Rectangle
Polygon
Polyline
Plot:6 sem stu project list.arff
1
21.5
42
Class colour
Ruby on Rails java ios

Weka Explorer: Visualizing 6 sem stu project list.arff
X: Enroll No (Num)
Y: E-mail id (Nom)
Colour: Platform (Nom)
Polyline
Submit
Clear
Open
Save
Jitter
Plot:6 sem stu project list.arff
1
21.5
Class colour

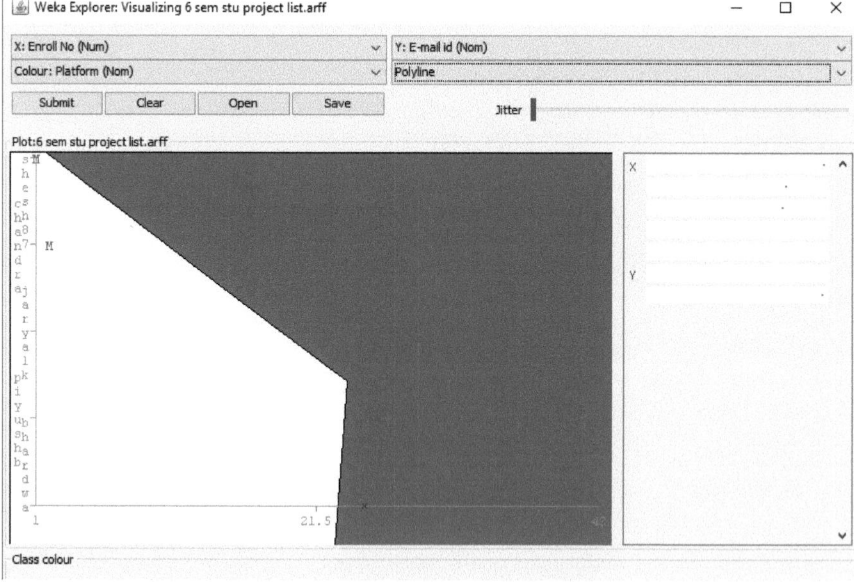

8. Conclusão:

Isto conclui o Tutorial do WEKA Explorer. Há muito mais para aprender sobre o WEKA do que o que foi abordado nestes sete exercícios. Mas você já aprendeu o suficiente para poder analisar seus dados usando ferramentas de pré-processamento, classificação, agrupamento e regras de associação. Aprendeu a visualizar o resultado e a selecionar atributos. Este conhecimento será inestimável para si. Se planeia fazer qualquer análise de dados complicada, que exija flexibilidade de software.

9.Referências:

1. Shuzlina Abdul Rahman & Sofianita,Sofianita Mutalib,Aplicações de análise preditiva com weka.2021
2. WekaWiki - http://weka.wikispaces.com/
3. Plugins de visualização do Explorer no WekaWiki - http://weka.wikispaces.com/Explorer+visualization+plugins
4. Traçar curvas ROC múltiplas na WekaWiki - http://weka.wikispaces.com/Plotting+multiple+ROC+curves
5. Exemplos Weka - Uma coleção de classes de exemplo, como parte de um projeto ANT, incluídas nos instantâneos WEKA (disponíveis para transferência na página inicial) ou diretamente a partir do subversion https://svn.scms.waikato.ac.nz/svn/weka/trunk/wekaexamples/
6. Witten, E. Frank, Data Mining, Practical Machine Learning Tools and Techniques with Java Implementation, Morgan Kaufmann Publishers, 2000.
7. R. Kirkby, WEKA Explorer User Guide for version 3-3-4, Universidade de Weikato, 2002. 3. Weka Aprendizagem Aprendizagem Project, http://www.cs.waikato.ac.nz/~ml/index.html.
8. E.Frank, Machine Learning With WEKA, Universidade de Waikato, Nova Zelândia.
9. B. Mobasher, Data Preparation and Mining with WEKA, http://maya.cs.depaul.edu/~classes/ect584/WEKA/association_rules.html, DePaul University, 2003.
10. M. H. Dunham, Data Mining, Introductory and Advanced Topics, Prentice Hall, 2002.
11. Livro de extração de dados WEKA: - Ian H. Witten e Eibe Frank, Data Mining: Ferramentas e técnicas práticas de aprendizagem automática (segunda edição)
12. WEKA Wiki: http://weka.sourceforge.net/wiki/index.php/Main_Page

Printed by Books on Demand GmbH, Norderstedt / Germany